Les Éditions du Boréal
4447, rue Saint-Denis
Montréal (Québec) H2J 2L2
www.editionsboreal.qc.ca

Dérive globale

DU MÊME AUTEUR

Droit et exclusion. Critique de l'ordre libéral, Montréal et Paris, L'Harmattan, 1997.

(avec C. Deblock, codir.) *L'Amérique du Nord et l'Europe communautaire : intégration économique, intégration sociale,* Sillery, Presses de l'Université du Québec, 1994.

(avec C. Deblock) *Le Libre-échange par défaut,* Montréal, VLB éditeur, 1989.

(avec Y. Bélanger et coll.) *L'Ère des libéraux. Le Pouvoir fédéral de 1963 à 1984,* Sainte-Foy, Presses de l'Université du Québec, 1988.

Les Trois Colombes, Montréal, VLB éditeur, 1985; réédité sur le Web en 2000 : http://pages.globetrotter.net/charro/Colombes/

La Raison du capital, Montréal, Hurtubise HMH, coll. « Brèches », 1980.

La Désillusion tranquille, Montréal, Hurtubise HMH, coll. « Cahiers du Québec », 1978.

Dorval Brunelle

Dérive globale

Boréal

JZ
1319
.B78
2003

Les Éditions du Boréal remercient le Conseil des Arts du Canada
ainsi que le ministère du Patrimoine canadien et la SODEC
pour leur soutien financier.

Les Éditions du Boréal bénéficient également du Programme
de crédit d'impôt pour l'édition de livres du gouvernement du Québec.

Diffusion au Canada : Dimedia
Diffusion et distribution en Europe : Les Éditions du Seuil

Données de catalogage avant publication (Canada)
Brunelle, Dorval, 1941-

    Dérive globale
    Comprend des réf. bibliogr.

    ISBN 2-7646-0241-3

    1. Mondialisation. 2. Régionalisme. 3. Canada – Politique et gouvernement – 1935-   . 4. Nouvel
ordre économique international. I. Titre.

    JZ1319.B78   2003   327.1'01   C2003-940590-7

Remerciements

Le texte que je propose est le résultat de travaux engagés depuis près de quinze ans maintenant à l'intérieur du Groupe de recherche sur l'intégration continentale (GRIC) à l'Université du Québec à Montréal (UQAM). Au fil des ans, j'ai pu compter sur l'indéfectible collaboration de Christian Deblock, aujourd'hui directeur du Centre Études internationales et Mondialisation (CEIM), ainsi que sur celle de plusieurs assistantes et assistants de recherche, dont : Afef Benessaieh, Rémi Bachand, Marie-Pierre Boucher, Philippe de Grosbois, Mathieu Houle-Courcelles, Olivier Leblanc, Cristina Marinelli, Michèle Rioux, Rachel Sarrasin et Jean-Christophe Sinclair. J'ai pu également compter sur l'aide précieuse de Roger Charland et d'Yves Chaloult.

Ce livre a bénéficié d'un autre apport, celui des militantes et des militants du Réseau québécois sur l'intégration continentale (RQIC). Le Réseau est l'un des membres fondateurs de l'Alliance sociale continentale, et c'est à la suite d'un mandat confié par l'Alliance qu'il a organisé, en collaboration avec la coalition canadienne, *Common Frontiers,* le deuxième Sommet des peuples des Amériques dans la ville de Québec en avril 2001. Le

Réseau a été présent au premier, au deuxième et au troisième Forum social mondial tenus à Pôrto Alegre. Je voudrais relever au passage quelques noms de personnes qui ont été associées de près ou de loin à ce travail collectif : Peter Bakvis, Pierre Beaudet, France Bernier, Stéphanie Bernstein, Lise Blais, Sébastien Bouchard, Diana Bronson, Emilia Castro, Vincent Dagenais, Josée Desharnais, Marcela Escribano, Hélène Gobeil, Lorraine Guay, Louis-Serge Houle, Robert Jasmin, Daniel Lachance, Guy Lafleur (décédé), Richard Langlois, André Leclerc, Gordon Lefebvre, Lucie Lamarche, Jacques Létourneau, Claude Melançon, Suzanne Morin (décédée), Francine Nemeh, Pierre Paquette, André Paradis, Gabrielle Pelletier, Normand Pépin, Arthur Sandborn, Catherine St-Germain, Roger Saucier, Monique Simard, Ana Maria d'Urbano, Tania Vachon, Catherine Vaillancourt-Laflamme, Jocelyne Wheelhouse ; ainsi que, à l'extérieur du Québec : Alberto Arroyo, Victor Baez, Patty Barrera, Hector de la Cueva, Dante Donoso, Karen Hansen-Kuhn, Marta Harnecker, Renato Martins, Coral Pey et Emilio Taddei.

Je remercie Mmes Micheline Cloutier-Turcotte et Ginette Gervais de leur aide et de leur patience dans la mise en forme finale du manuscrit.

Enfin, je remercie très chaleureusement ceux qui ont fait un remarquable travail de lecture critique de ce texte : Micheline Jourdain, Georges LeBel, Paul-André Linteau et Jean Pichette.

Introduction

Pour comprendre et expliquer ce qui sépare la mondialisation telle qu'elle avait été pensée et institutionnalisée au lendemain de la Seconde Guerre, de ce qu'on appelle la « globalisation », je suis parti de l'idée qu'il fallait commencer par le cadre mis en place à ce moment-là, puis concentrer l'attention sur quelques cas de régionalismes et, notamment, sur le cas canadien, pour arriver, en fin de parcours, à cerner les grandes lignes de l'ordre global actuel. La mondialisation, comme j'aurai l'occasion de le montrer tout au long de ces pages, renvoie à une perspective d'ensemble qui tend à intégrer dans une réflexion large la poursuite de trois objectifs de base, à savoir la sécurité, la justice et le bien-être ou la prospérité, réflexion qui sert à fonder un réseau intégré et complémentaire d'institutions internationales et nationales qui auront pour mandat de poursuivre les objectifs en question. La globalisation, en revanche, comme nous le verrons également, n'a qu'un seul but, l'accroissement de la richesse, but qui revient en partage à certaines organisations qui disposent alors d'un ascendant incontestable sur les autres. Par opposition à l'ordre mondial, qui repose sur un partage des responsabilités entre deux sphères, une sphère publique et une sphère privée, l'ordre global repose sur un décloisonnement des fonctions et des activités entre les sphères publiques et les sphères privées, un décloisonnement qui opère à l'avantage de ces dernières, de sorte que la globalisation établit une nouvelle interface entre l'État, les grandes organisations internationales et les grandes entreprises privées.

L'intention qui m'anime, dans la rédaction de ce livre, est donc à la fois simple et ambitieuse : en comparant deux moments distinctifs espacés d'un demi-siècle, la mondialisation telle qu'elle émerge de l'immédiat après-guerre d'un côté, et l'ordre global en ce début de millénaire de l'autre, je voudrais attirer l'attention sur tout ce qui nous sépare aujourd'hui d'une vision à la fois universaliste et internationaliste de l'ordre mondial, et ce, malgré le fait que la vision de départ soit venue buter très tôt contre le maintien des liens coloniaux d'un côté, contre les contraintes posées par la *guerre froide* de l'autre. Et ce n'est pas parce que cette vision était, comme nous le verrons, profondément libérale dans son esprit et dans ses objectifs qu'elle ne pourrait pas servir de point de départ à une réflexion critique sur les aléas de la globalisation actuelle. Cela dit, mon approche n'est pas destinée à alimenter la nostalgie du passé, pas plus qu'elle ne propose de reprendre le filon d'une vision libérale du monde. Tout au contraire, mon propos est voulu à la fois comme polémique et comme constructif. Je voudrais me servir de cette mise en perspective parce qu'elle me paraît essentielle pour que l'on comprenne l'ampleur de la dérive actuelle hors des hautes visées portées par certains des fondateurs de l'ordre d'après-guerre et parce qu'elle ouvre sur des pistes de réflexion face aux défis posés par ce qui nous est souvent donné comme un inéluctable glissement vers une globalisation totale.

Dans l'immense travail de réflexion collective et critique qui a été engagé depuis une décennie autour des solutions de rechange à la libéralisation extrême des marchés, on a surtout privilégié les solutions pratiques qui serrent de près les défis posés par les comportements des gouvernements, des entreprises et des organisations internationales. Mais ce n'est pas sur cette voie que je me suis engagé ; j'ai plutôt cherché à prendre un certain recul afin de mettre en lumière une véritable *logique de système*. Je voudrais, en ayant recours à cette idée de *logique de système*, montrer le lien profond qui unit ce que l'on sépare encore trop souvent et, notamment, le lien entre les plans interne et externe d'intervention de l'État.

En cherchant à montrer comment et pourquoi les architectes de l'ordre d'après-guerre n'ont pas réussi à mettre en place une véritable internationalisation des économies inspirée d'une vision internationaliste et universelle, je veux montrer comment les résultats des compromis engagés alors nous ont conduits à la formation de vastes archipels économiques régionaux et comment ce résultat, loin de favoriser le rapprochement entre les peuples et une meilleure redistribution de la richesse au sein d'un ordre mondial, nous conduit plutôt vers une globalisation des économies avec son interminable répertoire d'exclusions.

Quant à la globalisation en tant que telle, je me propose de l'explorer à partir de l'étude d'un cas particulier de régionalisme, celui dans lequel le Canada s'est engagé avec les États-Unis dans le courant des années 1980, essentiellement parce que ce prétendu libre-échange a jeté les bases d'une intégration économique nouvelle et originale qui prépare et annonce le passage à la globalisation des économies. J'entends donc établir entre la mondialisation et la globalisation des différences fortes au fur et à mesure que progressera mon argumentation, et c'est sur cette démarche progressive que repose la méthode à laquelle j'aurai recours dans ces pages. Et, comme cette démarche est sans doute celle qui fera toute l'originalité de ce livre, je dois prendre le temps qu'il faut pour l'expliquer et la justifier.

En commençant avec la mise en place du cadre normatif et

institutionnel issu de la Seconde Guerre, je ne prétends pas que la mondialisation dans le sens large et extensif du terme trouverait là son origine, bien au contraire. Je suis tout à fait conscient du fait que les échanges de biens et de main-d'œuvre à travers les continents est l'un des phénomènes les plus anciens de l'histoire humaine. Certains historiens établissent une coupure nette entre le nomadisme et la sédentarité, mais cette coupure est sans doute artificielle car les hommes et les femmes sont mobiles. Nous sommes tous, à des degrés divers, des forains établis quelque part pour un temps dont nous ne saurions prévoir le terme. Sous cet angle, c'est bien l'idée de contrôle des mouvements migratoires qui apparaît curieusement anachronique et présomptueuse dans la mesure où, tout au cours de l'histoire, l'homme et la femme ont bien plutôt oscillé entre l'établissement et le déplacement ; nos permanences apparaissent, dans le long terme, pas mal transitoires.

Plus près de nous, des auteurs comme Fernand Braudel et Immanuel Wallerstein font remonter la mondialisation telle que nous la connaissons aujourd'hui à l'instauration du cadre économique et politique d'une économie-monde capitaliste au XVe et au XVIe siècle. Le capitalisme naissant se serait appuyé sur l'établissement de réseaux d'échanges entre métropoles et colonies et aurait donc développé des marchés extérieurs à tout le moins en même temps qu'il étendait ses rets à l'ensemble de l'économie nationale, sinon avant de le faire.

Les travaux d'historiens sont bien sûr indispensables à qui veut cerner les caractéristiques essentielles du phénomène de la mondialisation capitaliste moderne, qu'il s'agisse de la mobilité du capital, des flux commerciaux ou des mouvements migratoires, et pour faire la lumière également sur le rôle des grandes innovations institutionnelles, technologiques et idéologiques qui sous-tendent ce processus, qu'il s'agisse de l'importance des compagnies à charte, des progrès de la navigation ou de ceux de l'économie politique. Mais si ces éléments, et bien d'autres encore, sont indispensables à la compréhension de la mondialisation capitaliste dans le long terme, il reste que la Seconde Guerre représente un moment charnière à partir duquel il pourra s'avérer tout à fait intéressant et révélateur à la fois de faire démarrer la mise en place d'un projet ambitieux d'institutionnalisation de la mondialisation contemporaine. En effet, sans qu'il soit question de tourner le dos à tous ces facteurs qui permettent de lier l'ordre d'après-guerre au passé et, en particulier, à l'expérience de l'entre-deux-guerres, il n'en reste pas moins que la construction de l'ordre normatif et institutionnel de l'après-guerre repose sur des bases théoriques, conceptuelles et institutionnelles à ce point originales que nous sommes en droit de partir de là pour comprendre le présent. Et c'est sans doute sur ce plan que réside l'originalité de cette phase-là de la mondialisation par opposition à toutes celles qui précèdent et à celles qui suivent.

En ce sens, et pour user d'une métaphore utile, le retour en arrière jusqu'à cette période nous permettra de mettre en évidence ce que l'on pourrait désigner comme le *moment zéro* de la mondialisation contemporaine, avec tous les avantages et toutes les limites que la recherche d'un tel moment peut entraîner. Parmi les avantages, le plus déterminant est sans contredit le défi posé par l'amnésie des origines, non pas de ces origines lointaines auxquelles nous renvoyaient les réflexions consignées plus tôt sur la profondeur historique de la mondialisation, mais bien cette amnésie de court terme qui non seulement sous-estime le poids des institutions mises en place à ce moment particulier de l'histoire, mais qui sous-estime surtout la trame théorique qui les soutient et qui a servi à définir le sens et la portée des différentes missions qui leur ont été confiées. Car c'est bien faute d'inscrire l'ordre global actuel dans le prolongement d'une logique de système instituée au lendemain de la Seconde Guerre que l'on est conduit à en mésévaluer la signification et la trajectoire, avec toutes les conséquences que cette mésévaluation pourra avoir sur les projets de réforme et les solutions de remplacement mises de l'avant, comme j'aurai l'occasion de le souligner dans le dernier chapitre. À son tour, cette logique de système repose sur une, ou mieux, sur *des* pensées constituantes, c'est-à-dire sur un cadre théorique préalable à l'intérieur duquel des penseurs ont cherché à intégrer les défis à relever dans la construction de l'ordre à venir.

En revanche, parmi les limites à la démarche proposée, il y a, bien sûr, celle qui pourrait conduire à surévaluer l'importance d'une rupture entre un avant-guerre et un après-guerre, ce qui pourrait nous amener à escamoter les nombreux facteurs de continuité entre les deux et surtout, à escamoter le poids des contingences dans la construction de l'ordre d'après-guerre. Mais, une fois la mise en garde formulée, il s'agira de prendre acte de cette dimension le moment venu.

Dans le même ordre d'idées, en faisant commencer la phase actuelle de la globalisation à partir d'une étude consacrée au cas canadien, je me propose d'appliquer la même démarche et la même méthode que j'aurai appliquées à l'échelle mondiale en les transposant à l'échelle continentale. Ce rapprochement n'est saugrenu qu'en apparence et je dois l'expliquer clairement afin d'éviter toute méprise sur mon objectif ultime et sur mes intentions.

Cette image, la voici : si l'on peut envisager l'ordre mondial d'après-guerre comme un ordre qui aurait été conçu et opérationnalisé depuis le haut vers le bas, depuis le politique vers l'économique, on pourrait symétriquement envisager l'ordre global actuel comme un ordre qui serait conçu et opérationnalisé depuis le bas vers le haut, c'est-à-dire depuis l'économie vers le politique. De même que les nombreuses réunions internationales qui ont été tenues entre 1944 et 1948 auront permis de définir les grands paramètres et de jeter les bases institutionnelles de l'ordre d'après-guerre, ce serait la négociation d'un accord de libre-échange entre le Canada et les États-Unis qui servirait de point de départ à la mise en place d'une mondialisation à ce point différente de l'autre qu'il serait convenable et justifié de la désigner désormais comme une globalisation.

La juxtaposition de deux démarches, la première depuis le haut vers le bas, l'autre, depuis le bas vers le haut, est utile à plus d'un titre. En premier lieu, elle permet de mettre en évidence le rôle éminent joué par *le* politique, ainsi que la dimension constructiviste et institutionnaliste qui avait cours au moment de la mise en place de l'ordre d'après-guerre, par opposition à la démarche actuelle qui repose d'abord et avant tout sur une profonde désaffection du pouvoir politique et sur la mise au rancart de la promotion du bien commun. En deuxième lieu, cette juxtaposition permet de mettre en évidence l'opposition entre l'universalisme qui anime la construction de l'ordre d'après-guerre par opposition à la sélectivité qui a cours dans le second cas. Tous les partenaires de l'économie-monde, ou peu s'en faut, seront en théorie conviés à la construction de l'ordre d'après-guerre, tandis que la globalisation repose sur une étroite sélection de candidats et qu'elle induit ainsi d'importantes exclusions aussi bien à l'échelle locale qu'à l'échelle globale.

Ces quelques mises en situation font ressortir la pertinence de la comparaison entre les deux temps de l'analyse au-delà et en dépit de toute l'asymétrie entre les deux points de départ, universel et multilatéral dans le premier cas, sélectif et bilatéral dans le second. Car non seulement le Canada a été tout au long de l'après-guerre le premier partenaire commercial des États-Unis, mais la relation canado-américaine a constitué tout au long de ces années la relation commerciale bilatérale la plus importante au monde, dépassant en importance jusqu'à récemment celle de l'Europe communautaire, de sorte qu'il est tout à fait concevable que cette relation unique ait pu servir de creuset à l'intérieur duquel on a pu procéder à la définition et à la mise en place d'un substitut à l'ordre universel et au multilatéralisme qui avaient régné vaille que vaille jusque-là. Je me propose de montrer que nous avons affaires à l'heure actuelle, à l'échelle planétaire, non pas tant à un affrontement entre un ordre mondial et un ordre global, mais bien plutôt à une diffusion qui apparaît par moment inéluctable du modèle d'intégration instauré au départ entre le Canada et les États-Unis au milieu des années 1980 et à son extension au Mexique, puis à d'autres pays d'Amérique latine et, de là, ultérieurement, à l'échelle d'autres continents. En ce sens, le projet de globalisation du monde est bien un projet américain, mieux, un projet états-unien, comme l'a rappelé, avec son cynisme habituel, le chroniqueur politique du *New York Times*, Thomas Friedman, quand il a écrit : « *Globalization is us* », c'est-à-dire « La globalisation, c'est nous », expression bientôt reprise par ses détracteurs sous la forme : « *Globalization is US* », c'est-à-dire « La globalisation, ce sont les États-Unis[1] ».

Bien sûr, en forçant ainsi le trait, je ne voudrais pas laisser croire que j'ignore les limites et les contradictions inscrites au cœur du projet universaliste d'hier, pas plus que je ne voudrais prétendre que ses idéaux et ses institutions n'ont plus leur place à l'heure actuelle. De même, je ne prétends pas que la globalisation imposera fatalement ses exigences et ses cadres aux institutions internationales. À la vérité, nous voyons plutôt se mettre en place des régimes et des accords qui participent des deux modèles d'intégration économique, sans que l'on puisse encore prévoir lequel l'emportera en définitive. Cela dit, il sera toujours temps de rétablir les enjeux et de faire droit aux réserves qui s'imposeront une fois exposées les grandes lignes de la démarche et, surtout, une fois l'argument développé.

La démarche

Pour comprendre une institution ou, plus précisément dans le cas qui nous concerne, un ensemble, voire un faisceau d'institutions, il ne suffit pas de s'attarder à leur fondation que l'on étudierait l'une après l'autre en cherchant à isoler leurs fonctions respectives et à les articuler en faisant appel à des théories explicatives, qu'elles soient réalistes, néoréalistes ou marxistes, il faut au préalable mettre en évidence la vision d'ensemble d'un ordre mondial à partir des travaux et des réflexions de ses fondateurs. En d'autres termes, dans ce cas-ci, comme dans bien d'autres d'ailleurs, la position première du chercheur doit moins consister à imposer sa propre interprétation qu'à repérer les visées et les visions des acteurs et des architectes eux-mêmes. En conséquence, si je veux comprendre et expliquer les tenants et aboutissants de l'ordre d'après-guerre, je devrais avoir recours à une démarche progressive qui me permettrait de suivre les débats en cours à l'époque de manière à dégager le sous-bassement théorique et programmatique à partir duquel les véritables architectes de cet ordre viendront par la suite édifier toutes ces superstructures qui portent le nom de Fonds monétaire international ou celui de *Déclaration universelle des droits de l'Homme*. L'idée générale qui court derrière cette démarche, c'est qu'il y a bel et bien un fonds commun à toutes ces institutions, et qu'il y a également une complémentarité entre elles, l'un et l'autre étant donnés dans une logique d'ensemble qu'il s'agit de mettre au jour.

J'insiste sur cette question de la démarche pour deux raisons : *premièrement,* parce que je tiens à me démarquer de toutes ces interprétations qui vont plutôt puiser dans des théories les armes de l'interprétation du sens et de la portée des cadres fondateurs de l'ordre d'après-guerre et qui, ce faisant, alimentent cette « illusion de la rationalité rétrospective » souventes fois dénoncée par le philosophe Cornélius Castoriadis[2] ; *deuxièmement,* parce que je veux me démarquer également des interprétations de nature positiviste qui voient dans l'après-guerre une série d'initiatives sans liens entre elles répondant à des défis de diverses natures, économiques, politiques, sociales et juridiques, au cas par cas. Selon cette interprétation positiviste, il n'y a pas à chercher de fil conducteur

parce qu'il n'y a tout simplement pas de lien entre, par
exemple, Bretton Woods — où l'on discute du Fonds monétaire international et de la Banque internationale de reconstruction et de développement — en 1944 et la *Déclaration universelle des droits de l'Homme* de 1948.

La méthode

Pour comprendre l'ordre d'après-guerre et, plus tard,
pour comprendre la globalisation, la méthode sera la même
qui consistera à faire la lumière sur les fondements théoriques
de l'ordre recherché et donc de mettre en évidence les entraves
et autres blocages inscrits au cœur de l'ordre qui régnait
jusque-là. Car, il convient de le souligner, le passage d'un ordre
à l'autre ne relève pas d'un choix entre des options, il est dicté
par les contradictions et autres incompatibilités inscrites dans
un cadre théorique et pratique donné. En ce sens, comme
nous le verrons, le passage à ce modèle de régionalisme inscrit
dans l'*Accord de libre-échange entre le Canada et les États-Unis*
marque non seulement un abandon de fait du multilatéralisme de la part des autorités canadiennes, mais surtout
l'émergence d'un nouveau régime d'intégration qui passe à
côté de plusieurs des exigences d'une *certaine* modernité
libérale, dont il me faudra présenter les principaux traits, et
à laquelle on avait souscrit jusque-là. Pour bien saisir toutes
les implications normatives et institutionnelles de ce passage
d'un régime à l'autre, d'un régime libéral interventionniste
à un régime néolibéral ou ultralibéral, il convient d'insister
sur les caractéristiques propres au premier régime avant de
se pencher sur les lignes de force du second. Je pars donc
de l'idée qu'il y a une rupture, sur le plan pratique et sur le
plan institutionnel en tout cas, entre les deux cadres de référence, même si je suis conscient que la phase que nous tra-
versons se caractérise davantage par le bricolage, voire par

le chevauchement des régimes, que par une simple substitution de l'un par l'autre.

Afin de mettre au jour les fondements dont il vient d'être question, je recourrai aux pensées constituantes de l'ordre d'après-guerre et de l'ordre global. L'idée de *pensée constituante* est simple, elle renvoie à une ou à des théorisations préalables à la mise en place d'une institution ou à la rédaction d'un texte fondateur. Cette approche nous vient du droit, et les juristes insistent avec raison sur l'importance de prendre en considération, entre autres, le rôle de la pensée constituante dans l'interprétation des textes d'une Constitution quand l'ambiguïté des termes le commande. Il s'agit alors de repérer, parmi tous les textes et autres contributions qui ont pu être publiés, diffusés et discutés *avant* que les rédacteurs d'une Constitution se soient mis à la tâche, ceux qui ont eu un effet utile sur la forme et le contenu du texte final.

C'est le propre de ce genre d'approche progressive de remonter en amont de la création et de la mise sur pied des institutions ou en amont des textes fondateurs, qu'il s'agisse de Constitution, de déclaration ou de statuts, pour mettre en lumière d'autres contributions, parfois plus éclairantes que les textes officiels eux-mêmes, afin de cerner le sens et la portée des institutions en question ou ceux de leurs textes fondateurs. L'exemple qui vient à l'esprit, et qui représente un cas classique en la matière, c'est celui des *Federalist Papers,* cette série de quatre-vingt-cinq articles publiés dans le *Independent Journal* de New York par Alexander Hamilton, John Jay et James Madison entre novembre 1787 et avril 1788 dans le but de relancer le débat sur les délibérations entourant la promulgation d'une nouvelle Constitution pour les États-Unis. Dans son sens premier, le recours à la pensée constituante devrait servir à éclairer les missions et fonctions d'une institution ou encore le sens et la portée des dispositions d'un texte fondateur. Mais on peut aussi envisager, de façon plus extensive, le recours à l'idée de pensée constituante afin de prendre en compte des interventions en apparence plus éloignées dans le temps et dans l'espace qui peuvent jeter un éclairage nouveau sur la fondation d'un ordre économique et politique donné. C'est ce que je me propose de faire chaque fois pour mettre en évidence la logique d'ensemble qui sous-tend la mise en place de l'ordre d'après-guerre, puis la mise en place de ce régionalisme canado-américain qui servira de voie de passage privilégiée vers la globalisation.

L'objectif

En procédant comme j'ai l'intention de le faire, je poursuis un objectif central, celui d'attirer l'attention sur un enjeu précis dont on a parfois tendance à sous-estimer l'importance : la définition des paramètres d'une mondialisation alternative.

La réflexion au coup par coup comme la riposte au coup par coup ont leur utilité, mais elles ne permettent pas de prendre un recul indispensable à la préparation d'un cadre alternatif à l'échelle mondiale. Cela dit, je n'ambitionne pas de définir des stratégies ni d'endosser l'une ou l'autre des pistes d'action avancées par des organisations et autres coalitions. Mon objectif est différent : en proposant de revenir en arrière sur le cadre d'après-guerre et sur son institutionnalisation, je veux mettre en évidence tout ce qui nous sépare de cette époque sur le plan des idées et tout ce que nous lui devons sur le plan des réalisations. L'ordre global a beau être en un sens le plus pur produit d'un ordre mondial raté, il n'en reste pas moins qu'un retour en arrière sur les visées de ses fondateurs et celles de ses architectes est essentiel pour au moins trois raisons : *premièrement,* parce que ce moment constitutif de l'ordre mondial se présente comme un moment privilégié à cause de la hauteur de vues et de l'étendue des préoccupations de ses principaux défenseurs ; *deuxièmement,* parce que l'échec de la mise en place de cet ordre est essentiellement imputable aux contradictions dans lesquelles s'est enferrée une vision libérale du monde qui, faute d'avoir pu poursuivre une véritable internationalisation des sociétés et une mondialisation équitable des économies, assoit désormais toute sa crédibilité et toute sa force sur la poursuite de la globalisation ; *troisièmement*, parce que cette mise en perspective permet d'attirer l'attention sur l'importance de poursuivre la réflexion à ce niveau si l'on veut un jour, sinon fédérer, à tout le moins faciliter une éventuelle convergence entre les propositions alternatives issues des organisations et des coalitions opposées à la globalisation des marchés[3].

Mais je ne veux pas me contenter de présenter une logique de système et d'étudier des cadres d'analyse, je voudrais montrer également en temps et lieu pourquoi on assiste à une telle levée de boucliers contre la globalisation. Je voudrais alors inscrire les mouvements d'opposition à la globalisation dans le contexte général d'une dérive de la mondialisation en dehors des grands objectifs qu'elle s'était fixés au lendemain de la Seconde Guerre.

Les solutions de rechange à la libéralisation extrême des marchés ne se comptent plus, tandis que les débats autour de l'éventuel cadre de référence susceptible de faire droit à ces voies sont plus rares. C'est donc pour alimenter de tels débats ainsi que pour établir la légitimité de l'opposition à la libéralisation extrême des marchés et à la globalisation que ces pages ont été écrites.

CHAPITRE PREMIER

Les fondements de l'ordre d'après-guerre et la reconstruction simultanée des espaces international et national

L'avenir du libéralisme est de plus en plus menacé au fur et à mesure que l'on avance dans les années 1930 et que l'on assiste à la propagation de la crise économique à l'échelle mondiale. L'un après l'autre, les gouvernements en place en Europe, en Amérique latine et en Asie, trois continents qui rassemblent la très grande majorité des pays souverains à l'époque, basculent vers différentes formes plus ou moins autoritaires d'étatisme. À peu près seuls les pays nordiques, le Royaume-Uni, le Mexique, le Canada et les États-Unis résistent à la tourmente, encore que, dans ces deux derniers cas, plusieurs de leurs unités constituantes, provinces ou États selon le cas, aient quant à elles été attirées par le recours à une forme ou une autre d'*illibéralisme,* comme en témoignent la création du Crédit social dans les provinces de l'Ouest et celle de l'Union nationale au Québec, ou encore l'émergence d'un leader populiste comme Huey Long en Louisiane, pour ne donner que ces quelques exemples.

C'est dans ce contexte survolté, tandis que le libéralisme est assiégé de toute part, que le chroniqueur politique du *New York Herald Tribune*, Walter Lippmann, fait paraître en 1936 un ouvrage promis à un brillant avenir, *The Good Society*. La préface à l'édition française de l'ouvrage, paru à la Librairie de Médicis en 1938 sous le titre *La Cité libre*, est rédigée par André Maurois, qui résume le propos de l'auteur en ces termes :

> C'est [...] par le capitalisme libéral que la planète a été organisée ; c'est lui qui a donné à l'homme moyen un mode de vie plus agréable que celui du seigneur de jadis ; c'est lui enfin qui a permis la formation d'États libres, c'est-à-dire d'États où des individus inégaux entre eux sont pourtant soumis aux mêmes lois. Pourtant, on ne peut dire qu'il ait entièrement réussi et le succès intellectuel des doctrines collectivistes prouve le relatif échec du système qu'elles ont discrédité.
>
> D'où est venu cet échec ? Selon Lippmann, de ce que le capitalisme avait cessé d'être libéral. Le libéralisme économique était fondé sur les compensations statistiques qui s'établissaient entre des millions de désirs, d'ambitions et de calculs. Les grandes sociétés anonymes ont rendu ce mécanisme inefficace. Le législateur aurait dû, non pas toucher lui-même au mécanisme économique, mais en assurer le libre jeu par des lois sur les sociétés en pyramides, sur les réserves, sur la protection des épargnants. Il a négligé de le faire. Les monopoles ont permis la formation de fortunes démesurées qui ont peu à peu transformé des gouvernements aristocratiques en des gouvernements qui se disaient démocratiques et qui sont en fait ploutocratiques. La doctrine du « laisser faire » a retardé longtemps toute législation protectrice du travail et des loisirs [...]
>
> Mais pourquoi rendre la doctrine libérale responsable des erreurs du législateur ?

[...] On peut concevoir [...] un libéralisme constructif qui assurerait à l'État un rôle, non de direction, mais de contrôle[1].

Le renouveau du libéralisme, voire sa réhabilitation, exigeait qu'on ait recours à un profond changement de cap qui devait conduire à substituer au capitalisme incontrôlé qui régnait en maître jusque-là, un capitalisme soumis à certains contrôles. Lippmann n'était pas le seul à penser de la sorte puisque le même constat avait fait l'objet d'un autre ouvrage encore plus célèbre publié l'année précédente, en 1936, *La Théorie générale de l'emploi, de l'intérêt et de la monnaie*. L'auteur, John Maynard Keynes, avait écrit, dans ses « Notes finales » :

> Les conséquences de la théorie exposée dans les chapitres précédents apparaissent à d'autres égards assez conservatrices. Bien que cette théorie montre qu'il est d'une importance vitale d'attribuer à des organes centraux certains pouvoirs de direction aujourd'hui confiés pour la plupart à l'initiative privée, elle n'en respecte pas moins un large domaine de l'activité économique [...]
> Aussi pensons-nous qu'une assez large socialisation de l'investissement s'avérera le seul moyen d'assurer approximativement le plein emploi [...] Mais à part cela, on ne voit aucune raison évidente qui justifie un socialisme d'État embrassant la majeure partie de la vie économique de la communauté[2].

Ces deux extraits sont à la fois intéressants et révélateurs : intéressants parce qu'ils font tous deux appel à une réforme en profondeur du capitalisme libéral, et révélateurs en ce qu'ils soumettent qu'il y a des stratégies différentes à mettre en œuvre pour y parvenir, l'un souhaitant qu'on se contentât de contrôler, l'autre, de diriger. Or, cette distinction est loin d'être anodine comme nous le montrera la brève analyse que nous voudrions présenter des débats engagés à Paris autour de la publication du livre de Lippmann.

Le colloque Lippmann

La Cité libre n'est pas aussitôt publiée que des adeptes des thèses développées par l'auteur organisent à Paris, au mois d'août 1938, un colloque autour de son ouvrage. Le colloque Lippmann ne vise pas seulement à lancer un débat autour de la publication d'un livre, il est d'abord et avant tout conçu pour sonder le projet libéral et établir un état des lieux du libéralisme. Les organisateurs de la rencontre réunissent à Paris les têtes d'affiche de la pensée libérale de l'époque, parmi lesquels on peut citer les noms de R. Aron, F. A. von Hayek, E. Mantoux, R. Marjolin, L. von Mises, M. Polanyi, W. Röpke, L. Rougier et J. Rueff[3]. Le colloque constitue un moment charnière et en même temps hautement symbolique puisqu'il induit une profonde coupure à l'intérieur du courant de pensée libéral entre ceux qui souscrivent à l'interventionnisme étatique et ceux qui s'y refusent, une rupture qui marquera profondément le libéralisme pour les années à venir[4].

Le moment semble d'ailleurs propice puisqu'en cette fin août 1938 les opinions voulant que la France doive ou ne doive pas demeurer opposée aux visées expansionnistes de l'Allemagne nazie sont de plus en plus tranchées de part et d'autre[5]. Le contexte est déterminant. Le libéralisme a mauvaise presse dans le monde depuis la fin de la Grande Guerre et, aux yeux des penseurs libéraux qui se réunissent à Paris une année à peine avant le déclenchement d'un deuxième conflit mondial, les choses ne pouvaient pas plus mal se présenter. Le moindre coup d'œil sur une carte géographique suffirait à le confirmer : le libéralisme est en régression partout, même dans les pays anglo-saxons, et les libéraux, qu'ils soient politiques, penseurs ou stratèges, sont assiégés de toute part.

L'analyse que, au cours du colloque, certains intervenants font des causes de cette situation est on ne peut plus éclairante. Röpke et Rougier, en particulier, imputent l'encerclement dont l'économie de marché est la victime ainsi que la dérive vers des formes autoritaires de gouvernement à une cause fondamentale qu'ils identifient comme étant l'irruption dans l'arène politique de partis et de groupuscules sans foi ni loi. Si le libéralisme trouve, dans le domaine de l'économie, toute sa pertinence et sa validité, et si c'est sur ce plan que ses bienfaits ont pu se faire sentir, par contre la sphère du politique est encore et toujours soumise aux lois de la nature, c'est-à-dire que nous avons affaire là à un domaine qui n'est soumis ni à la règle de droit, ni à la concurrence, bref à un domaine à l'intérieur duquel règne la loi de la jungle. Pour préserver l'économie libérale, les libéraux doivent donc instaurer le libéralisme dans le domaine politique. Comme le synthétise avec une rare clairvoyance un des participants, autant la pensée d'Adam Smith a pu inspirer et animer tout le domaine de l'économie depuis plus d'un siècle et demi, autant celle de Kant doit dorénavant assumer un rôle comparable dans le domaine politique. L'économie politique inspirée d'Adam Smith a été au poste de commandement de plusieurs gouvernements, et c'est à partir de ses thèses qu'on a sanctionné la libre concurrence, le libre-échange et l'ouverture des marchés ; en accord avec le libéralisme inspiré de Smith, le rôle premier du pouvoir politique consistait à lever les entraves à la libre circulation des facteurs de production, le capital et le travail. Accorder une place comparable à Emmanuel Kant dans l'ordre politique, cela voulait dire qu'il fallait désormais encadrer *juridiquement* la relation entre l'État et ses sujets, de manière à délimiter et à baliser l'action étatique elle-même dans ses interventions et ses immixtions dans les affaires de ses sujets de droit. Le recours au droit est central parce que, comme le précise Kant, le droit est « la limitation de

la liberté de chacun en accord avec la liberté de tous, et [...]
le *droit public* est l'ensemble des *lois* qui rendent possible un
tel accord général[6]». Mais si le recours au droit est déterminant, comment peut-on à la fois lier juridiquement le sujet
à l'État et le rendre autonome par rapport à lui? En plaçant
le lien juridique en question à l'abri de la raison d'État. Il
s'agit alors d'attribuer aux citoyennes et aux citoyens des droits
qui leur appartiennent en propre, non pas à titre de sujets
ou de citoyens justement, mais à titre d'*Hommes,* c'est-à-dire
à titre d'êtres humains. Ces droits *fondamentaux* doivent
donc faire l'objet d'instruments juridiques à part qui auraient le statut légal des lois constitutionnelles. En ce sens,
le recours aux chartes des droits et libertés apparaît comme
une dimension essentielle du nouvel ordre mondial issu de
l'après-guerre.

La reconnaissance des droits civils, de même que la sanction de règles propres à assurer une saine rivalité au sein de cet
ordre, sont à la fois centrales et déterminantes dans l'élargissement et l'approfondissement d'une économie de marché soumise au libre jeu des lois de l'offre et de la demande, parce que
la défense, la promotion et la sanction des droits civils et politiques sont essentiels à la survie du projet économique libéral
lui-même. Lippmann l'avait bien vu, qui avait écrit tout au
début de son livre :

> Je me rendis compte peu à peu qu'Adam Smith n'aurait
> jamais considéré le grand capitalisme du XIXe siècle comme
> le « système évident et simple de la liberté naturelle » qu'il
> avait imaginé ; car il avait très prudemment assigné au sou-
> verain le devoir de protéger autant que possible « chaque
> membre de la société contre l'injustice et l'oppression exer-
> cées par tout autre membre » ; et tout son livre montre bien
> qu'il avait en vue quelque chose de plus substantiel que le
> droit égal du pauvre et du riche à se montrer durs en
> affaires[7].

Dans la foulée de ce genre de raisonnement, la seule et unique façon de garantir la sécurité économique des partenaires dans un marché « libre », c'est de consentir aux producteurs et aux consommateurs les droits et libertés individuels susceptibles de les mettre à l'abri des interférences et autres intrusions politiques et idéologiques qui, autrement, viendraient annuler les bienfaits de l'économie de marché elle-même. Le recours aux droits civils et politiques sert alors une double fonction : il consolide l'économie de marché et il introduit la liberté de choix dans l'ordre politique.

Si le domaine politique a pu être accaparé et dominé par des groupuscules ou des factions qui ont par la suite fait main basse sur l'économie, c'est essentiellement parce que l'ordre politique lui-même était anarchique au point de départ. Pour conjurer une telle menace, il faut à tout prix instaurer une saine concurrence entre des options et des partis politiques qui acceptent de défendre et de promouvoir les droits et libertés des citoyennes et des citoyens et, du coup, d'exclure de la sphère politique les partis et les groupes qui ne souscrivent pas à ces principes. Le libéralisme économique ne doit plus, ne peut plus s'appuyer sur n'importe quel pluralisme politique ; il doit désormais, pour survivre, s'appuyer sur un pluralisme politique balisé par la sanction de deux exigences : la primauté du droit d'une part, la promotion des droits civils et politiques d'autre part. À ces conditions, le recours à la règle de droit sert à fonder un *nouvel* ordre politique susceptible à son tour de renforcer le libéralisme économique.

Une fois acquise l'idée qu'il faille désormais lier économie, politique et droit, il reste encore à les institutionnaliser, c'est-à-dire à les articuler ensemble dans un réseau d'institutions et de cadres normatifs. C'est bien sûr l'État qui s'impose comme l'instance déterminante dans ce passage à un libéralisme politique capable de *contrôler,* selon Lippmann, ou de *diriger,* selon Keynes, une économie libérale ; il s'agit désormais, dans les deux cas, d'investir l'État et son gouvernement d'une double mission : celle de promouvoir et de sanctionner les droits civils et politiques d'une part, et celle de gérer, dans le sens le plus large et le plus flou, l'économie de l'autre.

Or, c'est précisément autour de la nature et du contenu de cette deuxième mission de l'État en tant que gestionnaire de l'économie que nous allons assister à l'ouverture d'une brèche dans le libéralisme. Nous aurons d'un côté les libéraux « classiques », avec von Hayek en tête, pour lesquels le pouvoir public doit se contenter d'assumer un rôle négatif, c'est-à-dire se contenter de lever les entraves au libre fonctionnement des lois du marché ; de l'autre côté, nous aurons des libéraux, désignés *à ce moment-là* comme des « néolibéraux[8] » qui choisiront plutôt le recours à un interventionnisme étatique positif ou actif. Ces libéraux-là conviendront de se rallier à un interventionnisme étatique inspiré, pour l'essentiel, des thèses de Keynes.

La ligne de partage entre les deux grands courants libéraux opposera désormais ceux qui sont persuadés que le système économique finit toujours par s'ajuster, se rééquilibrer sur le long terme, même si, pour y arriver, cela doit occasionner chômage et misère, et ceux qui prétendent que le chômage et la misère ne sont pas des passages obligés vers la prospérité, mais qu'ils sont d'abord et avant tout des fléaux. Faut-il imputer le chômage et la pauvreté aux interférences politiques, comme le prêchent Hayek et Röpke, ou convient-il de concéder que le système libéral a deux *vices marquants,* « le premier, que le plein-emploi n'y est pas assuré, le second, que la répartition de la fortune et du revenu y est arbitraire et manque d'équité », comme Keynes l'avait écrit dans les « Notes finales » de la *Théorie générale[9]* ?

Le colloque Lippmann consacre ainsi une rupture entre deux grandes écoles libérales, entre l'interventionnisme négatif de von Hayek d'un côté, et l'interventionnisme positif de Keynes de l'autre. Celui-ci reconnaît que, dans certaines circonstances et à court terme, pour des raisons qui ne relèvent pas de l'économie au sens strict, mais bien de l'économie politique dans le sens large que l'on accordait naguère à l'expression, c'est-à-dire pour des raisons de gestion publique de l'économie nationale et, en particulier, de maintien des niveaux d'emploi, le recours à l'interventionnisme des pouvoirs publics s'imposait[10]. Ce serait donc moins pour des raisons théoriques que pour des raisons pragmatiques qu'il trouvera quelque vertu réparatrice à l'argumentation protectionniste.

Les débats qui ont suivi le colloque Lippmann ont tourné autour d'un enjeu qui allait devenir central plus tard et qui a été formulé par Jacques Rueff dans les termes suivants : « Le problème essentiel, celui qui tient tous les autres en suspens, c'est celui de la délimitation des interventions admissibles, c'est-à-dire de celles qui ne sont pas incompatibles avec le mécanisme des prix[11]. »

On peut retenir deux choses de ce bref détour du côté des débats tenus à l'intérieur d'un courant d'idées libéral à l'époque. *Premièrement*, il convient d'insister sur l'importance de cette innovation qui consiste à recourir à la primauté du droit à l'échelle mondiale et à obliger désormais l'État à respecter les droits civils et politiques, deux exigences qui conduisent à la reconnaissance du pluralisme politique. À leur tour, ces balises contribuent à étendre l'empire de la loi de l'offre et de la demande au domaine du politique et, en ce sens, elles prolongent la logique de marché qui avait jusque-là eu cours dans le domaine de l'économie vers le domaine du politique. Cela posé, l'extension de la concurrence au domaine du politique et la sanction d'un principe de compétitivité ne doivent surtout pas être interprétées comme une forme de reconnaissance de la sanction de la loi du plus fort. Bien au contraire, comme nous l'avons vu, il s'agit d'instaurer un ordre politique balisé par le droit, de telle sorte que le pluralisme qui se trouve de ce fait reconnu est un pluralisme qui repose sur une définition serrée des nouvelles règles du « jeu » politique.

Deuxièmement, une fois acquise l'idée qu'il convient d'instaurer un ordre politique pluraliste, c'est-à-dire une fois l'importance de la tolérance politique reconnue aux yeux des penseurs libéraux, il sera nécessaire de baliser les termes des oppositions à venir à l'intérieur du nouvel ordre politique. Ce faisant, ce ne sont pas seulement les positions politiques extrémistes qui se trouvent disqualifiées : en d'autres mots, l'exclusion ne frappe pas seulement les tenants de positions politiques extrêmes, celles qui auraient remis en cause la légitimité même du pluralisme. L'exclusion frappe également, par défaut en quelque sorte, les positions de ces libéraux qui ne reconnaissent pas la légitimité et le bien-fondé de cette coupure qu'on s'employait à instaurer entre l'ordre économique et l'ordre politique.

Je souligne à dessein l'importance de cette conséquence qui n'a pas suffisamment retenu l'attention et qui explique sans doute pourquoi les libéraux défaits (tous ces von Mises, von Hayek et autres anti-interventionnistes) auront *également* recours à d'autres voies que la voie politique afin de promouvoir leurs thèses et leurs idées auprès des gens d'affaires et des jeunes, en particulier. Ce sont eux qui créeront la Société du mont Pèlerin, en 1947, et qui pénétreront dans plusieurs facultés universitaires de renom. Cette précision prendra toute son importance plus tard quand nous étudierons la globalisation de l'économie et qu'il sera question de souligner à quel point ce néolibéralisme-là ressemble à plusieurs égards à celui dont il est question ici. Cette ressemblance n'est nulle part aussi évidente que dans ce retour à une vision *dépolitisée* de l'économie qui repose sur le décloisonnement de l'économie et du politique.

Entre temps, le compromis libéral engagé à l'instigation de tous ces libéraux favorables à un contrôle étatique ou à une direction étatique quelconque se fera autour des idées de Keynes, avec comme résultat qu'il deviendra de plus en plus fréquent de confondre les deux termes, confusion rendue d'autant plus légitime, sur le plan historique, que Keynes lui-même jouera un rôle de premier plan dans la construction des grandes organisations économiques internationales d'après-guerre.

La reconstruction simultanée des espaces international et national

Il est un constat déterminant que plusieurs observateurs et analystes avaient été amenés à faire dès avant la Seconde Guerre mondiale : les États dans leur ensemble avaient été conduits à s'arroger un pouvoir excessif et incontrôlé, au détriment du bien-être de leurs sujets et au détriment de la sécurité mondiale elle-même. En ce sens, les États avaient imposé les exigences fortes dictées par la promotion de leur propre puissance à l'échelle internationale, tout en instaurant des ordres normatifs séparés à partir de critères politiques, religieux ou raciaux d'ordre interne. C'est ce défi théorique et programmatique que les architectes d'après-guerre voudront surmonter en ayant recours à un projet à la fois simple et ambitieux, celui de substituer à une raison d'État totalisante, voire totalitaire, telle qu'elle avait existé jusque-là aussi bien sur le plan interne que sur le plan externe, un ordre juridique fondé sur une double démarcation : une première démarcation entre l'espace public et l'espace privé sur le plan interne et une seconde démarcation entre le national et l'international sur le plan externe. Comme nous l'avons souligné dans la section précédente, c'est grâce à la reconnaissance simultanée de la primauté du droit *et* des droits civils et politiques que l'on établissait l'étanchéité entre la sphère publique et la sphère privée, d'une part ; et c'est grâce à la reconnaissance d'un interventionnisme étatique différencié que l'on balisait ces deux espaces national et international, d'autre part.

Les défis auxquels on devait faire face ou, pour dire les choses plus clairement, la façon dont les libéraux envisageaient les défis auxquels ils avaient à faire face sur les plans international et national, les avait conduits à en cerner deux : les luttes entre les classes sociales à l'intérieur et la formation des blocs économiques à l'extérieur.

Les luttes de classes, à l'intérieur, posaient d'entrée de jeu le problème du statut à la fois juridique, politique et économique de groupes ou de partis constitués autour d'idéologies rivales mettant de l'avant des solutions collectives ; c'est précisément pour faire face à ce genre de défi que le recours aux droits civils et politiques était tellement déterminant puisqu'il permettait d'accorder un statut prééminent à la revendication individualiste à l'encontre des prétentions sociales. En ce sens, la reconnaissance des droits individuels s'offrait comme une solution de rechange, non pas tellement à la reconnaissance des droits sociaux, une contradiction qui apparaîtra plus tard, mais à la reconnaissance des droits des collectivités, qu'il s'agisse de collectivités de producteurs, de consommateurs ou de citoyens. Dans le même ordre d'idées, la reconnaissance pleine et entière de l'État dans le concert des nations devait permettre de renvoyer les revendications nationalistes au domaine de la politique interne.

Quant au problème posé par la formation des blocs économiques, sa résolution passait par la construction d'une économie mondiale fondée sur une communauté d'États indépendants et formellement égaux en droit.

Bien sûr, dans chaque cas, les choses ne sont pas si simples ni si tranchées. On le voit d'ailleurs fort bien en rétrospective, puisque la sanction de l'individualisme méthodologique à l'interne n'a jamais vraiment permis de réaliser l'universalité d'accès à l'éducation et à la santé, pas plus que l'instauration d'une reconnaissance juridique égalitaire des États à l'extérieur n'a vraiment permis de réaliser une communauté universelle de *nations unies*.

Mais cette homologie qui renvoie l'individu isolé à un État isolé et à l'idée de construire symétriquement deux universalités, une universalité des citoyens et une universalité des États est intéressante parce qu'elle montre bien tout l'irréalisme de la position libérale qui est *aussi* obligée de prendre acte, au niveau factuel en tout cas, de l'existence des groupes, des collectivités, des *nations* à l'intérieur, et de prendre acte également de la persistance des empires et des liens entre métropoles et colonies à l'extérieur.

Cela dit, le rappel de cette position théorique de départ est important si l'on veut comprendre la logique de système qui sous-tend le cadre d'après-guerre et comprendre également que l'exigence individualiste est une contrainte avec laquelle les puissants peuvent toujours composer tant qu'ils sont entre eux, mais qu'ils imposent avec vigueur et avec rigueur, quand ce n'est pas avec fureur, aux autres. En d'autres mots, si l'édification d'un ordre international pacifique et prospère exige l'atténuation des conflits de classes sur le plan interne et l'élimination des blocs économiques sur le plan international, cette double exigence n'empêchera pas le recours à certaines formes de corporatisme dans les pays riches ni le maintien des liens coloniaux, tandis que l'on sera beaucoup plus intransigeant vis-à-vis de la mise en place de régimes politiques socialistes dans les pays nouvellement indépendants et vis-à-vis des initiatives d'intégration économique régionale défendues par les pays moins développés.

Ces réflexions visent à conforter l'idée de départ selon laquelle il existe bel et bien une logique d'ensemble qui sous-tend la mise sur pied des grandes organisations internationales entre 1944 et 1948 et qui sous-tend, du coup, la délimitation entre les espaces national et international d'intervention. Plus fondamentalement, il s'agit d'insister sur la complémentarité entre les fonctions assumées par ces organisations internationales, d'une part, et sur la différenciation entre ces dernières et les fonctions assumées à l'intérieur par les ministères et autres organismes publics, d'autre part. En ce sens, et cela est important pour la suite de l'analyse, l'ordre d'après-guerre fonde et instaure une nouvelle démarcation et une nouvelle complémentarité d'intervention de la part de l'État entre les plans national et international. Je dis que cette précision est importante essentiellement parce que, trop souvent, les analystes de l'ordre d'après-guerre font comme si le contenu des concepts était invariable dans le temps, comme si, en d'autres termes, quand on opposait l'international au national en 1940 ou en 1944, cela ne faisait pas grande différence avec la façon d'entendre et d'interpréter cette opposition en 1917 ou même auparavant.

Penser cela, ou le sous-entendre, n'a aucun sens parce que cela équivaudrait à poser qu'il y aurait quelque part une définition essentialiste de ces deux notions qui demeurerait invariable dans le temps et dans l'espace depuis que Jeremy Bentham a forgé le mot « international » en 1802.

Ce qui importe, c'est moins le contenu de ces deux notions que l'institutionnalisation qu'on en fait dans des contextes historiques précis. À cet égard, le cadre d'ensemble de l'ordre d'après-guerre, tel qu'il a été construit au gré des grandes rencontres internationales qui se sont succédé entre 1944 et 1948 environ, doit être interprété en relation avec les principales adaptations, innovations et arrangements intervenus parallèlement à l'intérieur. C'est cette mise en parallèle que je veux présenter maintenant. Pour ce faire, je partirai des débats de société afin de cerner cette logique d'ensemble dont il a été question plus tôt.

Les débats

Il n'est pas facile de rendre compte de la richesse des débats de sociétés et d'idées engagés peu avant et durant la Seconde Guerre autour de ces questions et, surtout, autour de la question des conditions du maintien d'une paix durable. Qu'il s'agisse des essais, des études et des analyses publiés par ces exilés français qui se sont réfugiés au Royaume-Uni, aux États-Unis, au Canada ou en Amérique latine[12], qu'il s'agisse des études et analyses publiés par Clarence K. Streit, Wendell L. Willkie, Herbert Hoover, Henry A. Wallace ou Sumner Welles, la réflexion sur ce que devrait être un après-guerre pacifique et juste a sans nul doute sollicité les meilleurs esprits de l'époque. On peut d'ailleurs prendre une certaine mesure de l'importance de cet apport intellectuel quand on souligne que plusieurs des *classiques* du xxᵉ siècle ont été publiés durant ces années ; par exemple, *La Société ouverte et ses ennemis* de K. R. Popper, *La Route de la servitude* de von Hayek, *La Grande Transformation* de K. Polanyi, ou *La Déclaration des droits sociaux* de Gurvitch, sont tous les quatre publiés en 1944. À quoi il faudrait sans doute ajouter les deux rapports d'enquête sur les services sociaux et le plein emploi signés par Beveridge et publiés à Londres respectivement en 1942 et 1944, de même que les écrits et projets de paix signés par Denis de Rougemont, Edward Carr, Léon Blum ou Alvin Hansen.

Mais si ces contributions permettent de cerner les enjeux et de comprendre le sens et la portée de l'ordre à venir, elles n'ont pas la pertinence immédiate de celle de James T. Shotwell, auquel j'aurai recours pour mettre en lumière cette articulation entre les missions confiées aux principales institutions issues des rencontres tenues à la fin de la Seconde Guerre[13]. Dans *La Grande Décision,* l'historien d'origine canadienne et professeur d'histoire à la Columbia University écrit ceci : « Il est donc temps de penser à l'édifice de la paix mondiale comme à un tout [...] L'organisation internationale ne sera qu'un système incomplet et mal équilibré, si nous n'avons pas présentes à l'esprit l'interdépendance des problèmes[14]. » Or, pour résoudre ces problèmes, il faut avoir recours à des initiatives complémentaires qui doivent permettre de réaliser trois grands objectifs : la sécurité, la justice et le bien-être, trois objectifs inscrits dans la charte et le mandat de l'Organisation des Nations Unies (ONU)[15]. Deux de ces objectifs faisaient déjà partie du Pacte de la Société des Nations, de sorte que c'est véritablement l'adjonction du troisième qui fait, aux yeux de Shotwell, toute l'originalité de la Charte de l'ONU adoptée à San Francisco en mars 1945. En effet, la Charte instituait, à côté de l'Assemblée générale (ch. IV), du Conseil de sécurité (ch. V) et de la Cour internationale de justice (ch. XIV), un Conseil économique et social[16] (ch. X) de qui relevait, au point de départ, l'ensemble des « institutions spécialisées » de l'ONU (art. 57). Ainsi, le Conseil devait agir comme « centre de coordination de tous les organismes qui s'occupent des divers aspects du bien-être humain[17] ».

À ce titre, la Charte met sur pied un « nouvel ordre mondial [...] en essayant d'inviter les peuples, par derrière leurs gouvernements, à intervenir directement dans les affaires internationales » et en articulant les interventions autour des trois grands problèmes auxquels il vient d'être fait allusion. Comme l'explique Shotwell,

> pour chacun d'eux, [la charte] emploie une technique différente. Le problème de la sécurité implique une action de police et l'emploi de la force ; celui du bien-être implique la création d'un mécanisme de coopération ; celui de la justice trouve son expression dans une loi et une procédure internationales[18].

Il n'en restait pas moins que les trois fonctions étaient loin d'être symétriques puisque le Conseil de sécurité disposait bien d'un pouvoir de décision (art. 25), tandis que le Conseil économique et social disposait tout au plus d'un pouvoir de recommandation (art. 62, par. 2), notamment en raison de la nature « intérieure » des problèmes de bien-être des peuples[19]. Néanmoins, puisqu'il fallait à tout prix éviter le recours à l'isolement économique et élargir le marché des produits, seul garant de la prospérité d'une économie mondiale, Shotwell invoque alors la nécessité d'entreprendre une réforme majeure, sinon même une véritable « révolution » dans l'économie mondiale, grâce au recours à une politique de libération économique qui, sans aller jusqu'au « libre-échange total », s'engagerait sur la voie de « la réduction et de la limitation des barrières opposées au commerce, de telle sorte qu'elles renforcent au lieu de l'affaiblir le grand courant de marchandises et de services qui sont de plus en plus nécessaires dans un monde qui en a le plus grand besoin[20] ».

Ce qu'il importe de retenir de ces quelques éléments, ce sont essentiellement trois choses. La première, c'est que la construction de l'ordre international dans l'après-guerre repose sur une conviction centrale qui est en même temps un parti pris fondamental, à savoir que l'espace international doit et devrait être pensé comme l'est, ou comme devrait l'être, l'espace national et que, en conséquence, les institutions qui garantissent l'ordre international devraient être transposées et adaptées à l'échelle nationale. Cela veut dire que l'on devrait retrouver, sur le plan international, non plus seulement les trois grandes fonctions assignées et assumées historiquement à l'échelle nationale, à savoir les fonctions exécutive, législative et judiciaire et qui n'avaient pas pu, à elles seules, garantir l'équilibre, la paix et la prospérité ni sur le plan mondial ni sur le plan interne, mais qu'il fallait à l'avenir instituer en plus une quatrième fonction, une fonction économique et sociale assumée en propre par un exécutif parallèle, encore qu'incomparablement plus faible que le Conseil de sécurité, le Conseil économique et social. Mais cette institutionnalisation risquait, ou aurait risqué, de demeurer tout à fait formelle si elle n'était pas reprise avec encore plus de force et de détermination sur le plan interne.

Cela implique que l'on aurait dû s'attendre à retrouver les mêmes divisions entre le politique, l'économique et le social sur les deux plans, national et international. Plus précisément, ces articulations entre des missions exigeaient, dans le domaine politique, la pleine reconnaissance de la nécessité de sanctionner la théorie de l'équilibre entre les trois pouvoirs, législatif, exécutif et judiciaire, élaborée par Montesquieu. Cela veut dire, dans le domaine économique, en théorie en tout cas et selon Keynes en particulier, disposer d'une banque centrale et d'une monnaie mondiale. Cela veut dire, dans le domaine social, deux choses à la fois différentes et complémentaires, à savoir la mise en place d'un État-providence en politique intérieure, d'une part, et la poursuite de la prospérité à travers l'accroissement des échanges internationaux, d'autre part, deux préoccupations qui devaient être inscrites au centre du système. C'est là le sens à donner à cette volonté d'inscrire la poursuite du plein emploi en tant qu'objectif premier de l'économie politique, volonté fructueuse dans le cas de la *Charte de Philadelphie*, qui relance l'Organisation internationale du travail (OIT) en 1944, mais volonté infructueuse dans le cas de la *Charte de La Havane* de 1948 qui devait mettre sur pied une Organisation internationale du commerce (OIC), qui n'a jamais vu le jour.

La seconde conclusion à retenir, c'est l'importance de la complémentarité entre toutes ces déclarations et ces organisations mises sur pied au cours des années 1944 à 1948, entre la *Charte de Philadelphie* déjà mentionnée, les *Accords de Bretton Woods* — qui mettent en place le Fonds monétaire international (FMI) et la Banque internationale pour la reconstruction et le développement (BIRD) —, la *Charte des Nations Unies*, qui établit l'organisation (ONU) elle-même, l'*Accord général sur les tarifs douaniers et le commerce* (GATT) issu de la Conférence internationale sur le commerce tenue à Genève le 30 octobre 1947, la charte de la mort-née Organisation internationale du commerce (OIC) et, enfin, la *Déclaration universelle des droits de l'Homme* de 1948.

Cette complémentarité doit être interprétée à deux niveaux : à un premier niveau, apparent et explicite, elle renvoie à l'articulation fonctionnelle entre des textes fondateurs et les organismes qui en sont issus ; elle permet alors de mettre en lumière les liens qui existent entre des mandats et des missions. Mais cette complémentarité doit également être interprétée à un deuxième niveau comme étant la mise en œuvre d'un dessein et d'une vision à la fois plus larges et plus profonds qui prennent leur source dans cette volonté d'instaurer un ordre libéral régénéré grâce à l'incorporation du pluralisme politique et à la promotion du bien-être.

Ce qui nous conduit tout droit à la troisième conclusion et à réitérer que l'ordre ainsi créé était bel et bien un ordre *libéral* au sens philosophique et juridique du terme, c'est-à-dire qu'il était libéral à la fois dans le fond et dans la forme. Non seulement le contenu des notions de base dont on s'était servi pour penser et édifier l'ordre en question était imprégné de libéralisme, mais la cartographie théorique à partir de laquelle cet ordre a été pensé et construit était libérale. Ce libéralisme-là apparaissait d'autant moins contestable, et donc d'autant plus susceptible de faire consensus à l'échelle mondiale et, partant, de prétendre à l'universalité, aux yeux des fondateurs de l'ordre d'après-guerre en tout cas, qu'on ne lui connaissait pas de solution de remplacement, pas même en URSS. C'est d'ailleurs la raison pour laquelle plusieurs des architectes de l'ordre d'après-guerre, et le président Roosevelt en tout premier lieu, pourront croire ou laisser croire que les autorités soviétiques ne devraient pas avoir de réticences majeures à rallier cet universalisme-là puisqu'il leur suffirait, pour le rejoindre, de tempérer leurs ardeurs étatistes et totalitaires, ce en quoi ils se trompaient grandement.

Cette superposition entre universalisme et libéralisme qui caractérisera la vision libérale du monde allait entraîner deux conséquences importantes. En théorie, cette superposition marque les limites de la pensée libérale elle-même, qui renonce à penser l'altérité autrement que sur le mode individualiste. Le libéralisme accorde ainsi une importance déterminante à la souveraineté des sujets de droit et, partant, au maintien d'une *frontière* entre eux, une approche qui reprend, sur le plan individuel, celle que l'on rencontre entre États où, là aussi, le tracé des frontières occupe une place déterminante, comme on le verra au moment de l'accession à l'indépendance des pays du Tiers-Monde. Critique vis-à-vis de l'association et du communautarisme internes, la pensée libérale ne l'est pas moins vis-à-vis des initiatives de rapprochement que tenteront de mettre en place certains pays nouvellement indépendants d'Amérique latine ou d'Afrique afin de remettre en question les liens qui les unissaient à leur mère patrie.

Dans la pratique, loin de conduire à l'élaboration d'un consensus clair autour d'un nombre déterminé de chartes et de déclarations auxquels le plus grand nombre de régimes politiques auraient été susceptibles de souscrire, cette vision libérale étendra à l'échelle du monde un fouillis inextricable de traités, d'accords, de protocoles précédés de belles déclarations, mais dont on pourra se demander, à terme, s'il a véritablement promu la démocratisation et favorisé un meilleur partage des richesses. D'ailleurs, certains consensus s'avéreront fragiles, comme l'illustrent les suites qui seront données à la signature de la *Déclaration universelle des droits de l'Homme* de 1948. Tout au long des trois décennies suivantes, les dissensions feront surface autour de l'étendue des obligations souscrites par les gouvernements, de sorte que ce n'est pas *un* instrument juridique qui servira à la mise en œuvre de la déclaration, mais bien *deux* : un *Pacte sur les droits civils et politiques* (PDCP) et un *Pacte sur les droits économiques, sociaux et culturels* (PDESC)[21].

L'opérationnalisation

Pour réaliser ces ambitieux objectifs, les fondateurs de l'ordre d'après-guerre ont essentiellement retenu la « méthode fonctionnelle de coopération internationale, qui pense d'abord au travail à faire et ensuite aux meilleurs moyens de le faire [et qui] consiste à construire des organes internationaux au fur et à mesure des besoins [...][22]», par opposition à l'approche idéaliste selon laquelle il aurait fallu tout prévoir, ou à l'approche réaliste qui aurait sans doute été portée à accorder un poids plus grand aux accords régionaux et à la création d'organisations régionales. Cela dit, l'approche universelle et fonctionnelle cherchera à composer avec les réalités régionales comme en témoigne le chapitre VIII de la *Charte de San Francisco* sur les « accords régionaux » et l'article XXIV du GATT.

D'ailleurs, il convient de rappeler, à ce propos, que l'on assiste bel et bien à un double processus d'institutionnalisation au cours des années 1940 : une première institutionnalisation à l'échelle mondiale et une seconde institutionnalisation à l'échelle régionale ou continentale[23]. Dans les deux cas, les rencontres sont nombreuses et elles se suivent de près, comme ce sera le cas avec la Conférence de Mexico, tenue du 21 février au 8 mars 1945, d'où sera issu l'*Acte de Chapultepec,* à laquelle succédera la Conférence de San Francisco, où sera signée la Charte des Nations Unies, le 26 juin. De plus, les contenus des textes et autres déclarations sont étonnamment semblables et complémentaires sur les deux plans. Ce qui pose problème, par contre, c'est bien le fait que le statut à la fois théorique et programmatique du régionalisme n'est ni clairement posé ni résolu ; on agit au cas par cas et de manière essentiellement stratégique de telle sorte qu'un crédit beaucoup plus grand est consenti aux accords régionaux dans lesquels sont engagés les pays occidentaux, par opposition aux accords regroupant les pays en développement.

À l'échelle internationale, l'idée maîtresse a été de créer une communauté universelle des pays fondée sur deux principes complémentaires, le principe d'universalité et le principe de différenciation. À ce titre, l'ordre d'après-guerre, tirant d'amères leçons du fonctionnement de la Société des Nations, se veut inclusif, et non plus sélectif comme cela avait été le cas par le passé, de sorte que tous les pays devraient un jour ou l'autre être admis au sein du concert des nations[24]. Cependant, étant donné que tous n'ont ni le même intérêt dans le maintien d'un ordre universel, ni les mêmes ressources, la différenciation devait permettre d'établir les coûts du maintien du système en fonction des capacités de payer des uns et des autres. Mais le principe de différenciation est susceptible d'au moins deux applications contradictoires, selon que l'on choisit de faire droit à l'inégalité et de conforter les rapports de puissance, ou que l'on cherche plutôt à promouvoir une égalisation des conditions. Entre les deux, bien sûr, l'institutionnalisation de l'ordre d'après-guerre se fera à travers la première voie, et c'est ce qui explique que, à côté de l'Assemblée générale, on ait institué un Conseil de sécurité de onze membres, dont cinq membres permanents avec droit de veto, disposant d'un pouvoir de décision, tandis que le Conseil économique et social, avec ses dix-huit membres, ne dispose quant à lui que d'un pouvoir de recommandation, comme on l'a déjà noté.

L'opérationnalisation, *prise deux* : Bretton Woods

Pour des raisons qui ne sont pas faciles à expliquer, encore moins à justifier, l'histoire économique ne retiendra de la Conférence de Bretton Woods que l'affrontement entre les thèses de l'Anglais John Maynard Keynes et celles de l'Américain Harry Dexter White. Cette rivalité est connue et bien documentée. Elle oppose d'un côté un projet de création d'une seule organisation financière internationale et d'une nouvelle monnaie mondiale, le *bancor,* et, de l'autre, le projet de création de deux organisations, un fonds et une banque, ainsi que la reconduction du *statu quo* en matière monétaire, c'est-à-dire le maintien du dollar américain comme monnaie universelle avec un taux de change fixe par rapport à l'or. Mais Bretton Woods a été le théâtre d'un autre enjeu qui a miné, avant même le déclenchement de la *guerre froide,* le prétendu universalisme économique du projet libéral d'après-guerre. Pour en dégager la portée, il faut regarder de plus près ce qui s'est passé là et faire la lumière sur la position défendue par des représentants des pays sous-développés, dont certains avaient consenti un effort considérable à la victoire des Alliés. Eduardo Suarez, alors ministre des Finances et du Crédit public du Mexique, propose que l'organisation économique mondiale à venir puisse *à la fois* accélérer la reconstruction des économies dévastées par la guerre *et* favoriser le développement des pays moins avancés économiquement[25]. Cependant, du fait que la rivalité entre le projet des États-Unis et celui du Royaume-Uni prend toute la place, la conférence ne reprend pas cette proposition, de sorte que la double mission qui était inscrite au cœur du nouvel ordre économique international, à savoir celle de favoriser la reconstruction *et* le développement, ne sera pas maintenue, et que les pays moins avancés recevront beaucoup moins de prêts de la Banque mondiale que les pays d'Europe de l'Ouest. Malgré la rebuffade essuyée à Bretton Woods, la plupart des pays d'Amérique latine deviendront membres du FMI et de la Banque mondiale entre 1945 et 1946[26]. En attendant, on aura compris pourquoi ces pays recourront à des stratégies alternatives de croissance, c'est-à-dire au nationalisme économique, afin de s'abriter des mécanismes d'intégration préparés et mis au point par les pays riches. Ainsi, malgré ce qu'en retiennent bon nombre d'historiens, l'explication de la réduction du nombre des partenaires à la construction d'un ordre économique véritablement international n'est pas seulement imputable à l'emprise du protectionnisme sur le Congrès des États-Unis et à la *guerre froide,* elle est imputable également à l'incapacité des pays du premier monde à faire droit aux revendications on ne peut plus légitimes issues des pays « arriérés », comme on les désignait parfois à l'époque[27].

En attendant, sur le plan commercial, les partenaires restants chercheront à libéraliser leurs échanges en appliquant *entre eux* deux principes, celui de la Clause de la nation la plus favorisée (CNPF) et celui du Traitement national (TN). Ces deux principes sanctionneront une même exigence envisagée de deux points de vue différents : la CNPF est fondée sur le principe de non-discrimination entre partenaires commerciaux, tandis que le TN est la transposition de cette non-discrimination au domaine de l'économie nationale[28].

Quant à la prise en compte de la différenciation dans le domaine de l'économie, elle passe par la sanction de toute une panoplie de mesures d'exception, comme le prévoit l'article XXIV du GATT, mesures qui devaient permettre d'ajuster l'intégration des économies les plus faibles à l'économie mondiale en tenant compte d'un ensemble de contraintes propres. Afin de promouvoir l'émergence de cette économie mondiale, dans les limites épistémologiques propres à la science économique de cette époque qui est représentée, en particulier, par le keynésianisme, il s'agit de confier des mandats et des responsabilités complémentaires à deux entités, les grandes organisations économiques internationales, d'un côté, et les gouvernements nationaux, de l'autre, entités qui ont pour mission d'instaurer et de développer concurremment les marchés mondial et nationaux.

Cela dit, il serait erroné d'interpréter cette spécialisation entre les deux niveaux comme s'il s'était agi d'établir une spécialisation des tâches en vertu de laquelle les grandes organisations économiques se seraient vu confier le mandat d'instaurer un ordre économique international, tandis que les gouvernements nationaux auraient été les seuls maîtres d'œuvre de la gestion et de l'expansion de l'économie nationale. Cette position est insoutenable aussi bien en théorie qu'en pratique. En théorie, parce que l'international et le national ne se présentent pas comme des réalités différentes ou opposées, mais bien comme des façons différentes d'appréhender des domaines ou des espaces, selon que l'on choisit de les envisager depuis l'intérieur ou depuis l'extérieur. En ce sens, l'économie internationale est ni plus ni moins qu'un ensemble d'économies nationales ; autrement dit, l'international, c'est le national appréhendé depuis l'extérieur. Sur le plan pratique, nous voyons encore mieux à quel point la démarcation entre le national et l'international n'a rien à voir avec une prétendue spécialisation des fonctions, puisque tout un chacun des gouvernements devraient assumer en parallèle leurs prérogatives en matière économique sur les deux terrains, national et international. La seule différence, et elle est de taille, bien sûr, c'est qu'en matière d'économie internationale, ce sont les gouvernements des pays riches qui sont en mesure de confier certains mandats à leurs représentants et autres plénipotentiaires auprès des grandes organisations économiques internationales, et qui peuvent en imposer les termes aux pays pauvres[29].

On a dès lors affaire, pour les premiers en tout cas, à une homologie forte entre le national et l'international, en vertu de laquelle le maintien de l'équilibre économique et social interne doit être une condition essentielle à la poursuite non seulement de l'ordre et de la paix, mais également de la justice et du bien-être à l'échelle internationale.

Conclusion

Cependant, il ne faudrait pas pousser trop loin cette notion d'homologie entre le national et l'international. En effet, il convient de noter, en terminant, que le système des Nations Unies a bel et bien été qualifié d'« Organisation » et non pas d'« État » pour la raison, entre autres, selon laquelle le départage des fonctions entre les pouvoirs législatif (l'Assemblée générale) et exécutif (le Conseil de sécurité) a peu à voir avec l'esprit et avec la lettre de ce que l'on entend sous l'expression « équilibre des pouvoirs » depuis Montesquieu. En effet, non seulement les fonctions exécutives sont très circonscrites et la prééminence est accordée à la « sécurité » aux dépens de la justice et du bien-être, mais le pouvoir législatif lui-même n'est pas composé de parlementaires ou de députés élus, non plus que de représentants des différents partis politiques à l'intérieur de chaque pays, mais bien de plénipotentiaires nommés par les gouvernements, c'est-à-dire par les exécutifs nationaux eux-mêmes. En ce sens, le système des Nations Unies, en accordant aux gouvernements le pouvoir de nommer leurs plénipotentiaires à l'Assemblée générale, loin de faire droit au pluralisme politique, comme l'auraient souhaité certains de ses fondateurs, sanctionne et renforce plutôt un monisme politique étatique qui, non seulement va tout à fait à l'encontre d'une vision large et ouverte de la démocratie représentative, mais va également à l'encontre de l'idée même de promotion du pluralisme politique. Ainsi l'ONU institutionnalise un étatisme qui renforce les pouvoirs constitués, et ceux des exécutifs en tout premier lieu, aux dépens des velléités de promotion du bien-être des peuples et des nations inscrites dans de nombreux textes fondateurs. C'est en ce sens d'ailleurs que l'on peut comprendre à quel point l'ordre libéral d'après-guerre renforçait, comme jamais auparavant, le pouvoir de l'État sur les deux plans, national et international, en même temps. En définitive, l'Organisation des *Nations* Unies porte mal son nom et il aurait fallu plutôt l'appeler l'Organisation des *États* Unis pour éviter toute ambiguïté, encore que cette appellation en aurait suscité de plus grandes encore. Aurait-il fallu la comprendre comme une organisation d'États ou comme l'organisation des États-Unis d'Amérique ?

Quoi qu'il en soit, cette notion de complémentarité et de renforcement entre pouvoirs exécutifs sur les deux plans, international et national, se trouvera répercutée dans le domaine de l'économie, comme en témoigne le fait que, dans le cas des institutions issues de Bretton Woods, le FMI et la BIRD, les décisions ne sont pas prises à la majorité, mais bien en fonction des quotes-parts assignées aux membres.

En attendant, l'homologie, la complémentarité et le renforcement réciproque entre les plans international et national reflètent une volonté d'accroître parallèlement la stabilisation et la sanction des normes. Plus précisément, à cause de la très forte asymétrie inscrite dans le système, asymétrie qui accorde un avantage parfaitement indû aux pays les plus puissants, cette institutionnalisation enclenche et cautionne une articulation tout à fait originale entre des espaces national et international qui permet désormais de faire cheminer, depuis l'espace normatif intérieur des pays les plus puissants vers les espaces normatifs des pays moins puissants ou plus faibles, tous ces principes et ces normes qui servent les premiers au détriment des seconds.

À la vérité, comme nous l'avons vu, ni l'homologie ni la différenciation ni le renforcement n'opèrent de manière constante d'un domaine à l'autre, parce que les exigences changent selon que l'on se situe dans le domaine de l'économie, dans le domaine des droits humains, dans celui du commerce ou dans le domaine social. En d'autres termes, alors que c'est le monisme juridique qui devait prévaloir en matière de normativité économique, monisme selon lequel tous les partenaires auraient dû souscrire aux mêmes principes et sanctionner les mêmes normes en matière commerciale et financière, c'est par contre le dualisme juridique qui a prévalu en matière de normativité sociale, ou en matière de droits humains, dualisme qui confortait l'idée selon laquelle, si une souveraineté pleine et entière au niveau interne avait encore sa place, c'est dans ces domaines qu'il convenait de l'exercer[30].

L'explication que l'on peut fournir à ce stade-ci de cette ambivalence, sinon de cette incompatibilité, est simple. Elle s'appuie sur le fait que l'ordre d'après-guerre devait servir, entre autres choses, à favoriser l'internationalisation des économies grâce à l'institutionnalisation d'un marché mondial des biens et des capitaux, et que les missions confiées aux États les enjoignaient précisément d'assumer les coûts sociaux de cette externalisation de leurs économies. Une autre explication de ces traitements différentiels imposés à l'économie par rapport aux autres domaines d'intervention de l'État à ce moment-là renvoie à l'idée que l'on se faisait des rapports entre l'économie et le social, idée selon laquelle le social était subalterne, résiduaire ou supplétif, puisqu'il recouvrait des actions, des interventions et des missions qui échappaient à la loi du marché et qui devaient alors être prises en charge par les gouvernements et par les administrations publiques à l'échelle nationale. Une troisième explication tient au fait que l'ordre d'après-guerre reposait tout entier sur une logique qui induisait deux modes de circulation des facteurs de production, une circulation mondiale des marchandises et des capitaux et une circulation nationale de la main-d'œuvre. Dans ces conditions, c'est bien la sanction du monisme juridique à l'échelle internationale qui s'imposait dans le premier cas, alors que, par défaut en quelque sorte, c'est le dualisme qui était sanctionné dans le second.

Ces explications, on s'en rend compte, ne s'excluent pas entre elles. Au contraire, elles s'additionnent et elles permettent de comprendre à quel point la libéralisation de la circulation des marchandises et des capitaux dans l'espace mondial induisait une présence forte de l'État à l'intérieur ou, pour dire les choses autrement, complémentarité, différenciation et renforcement mutuels des espaces international et national passaient dans le meilleur des cas par la mise en place simultanée d'un ordre international des États et d'un État-providence. C'est dès lors sur l'institutionnalisation de l'État-providence que nous allons nous attarder au prochain chapitre.

CHAPITRE 2

Le cadre d'après-guerre
en politique intérieure :
l'État-providence et les droits sociaux

En ayant recours à quelques auteurs qui avaient mis au point une approche d'ensemble aux défis posés par la mise en place d'un ordre mondial après la Seconde Guerre, j'ai voulu montrer à quel point l'ordre en question avait été conçu comme un tout englobant des fonctions qui devaient par la suite être départagées entre deux plans, international et national, d'intervention. Dans le présent chapitre, je veux me concentrer sur la dimension nationale du problème, afin de montrer comment et pourquoi on a assisté au même moment à l'institutionnalisation de l'économie mixte et de l'État-providence.

Cette complémentarité entre les plans international et national engage désormais les gouvernements à devoir gérer deux ensembles d'institutions inscrits dans une même logique de système, dans la mesure où l'étanchéité entre les domaines extérieur et intérieur d'intervention est beaucoup plus apparente que réelle. Cela n'empêchera toutefois pas les gouvernements des pays riches de prétendre le contraire et de faire comme s'ils étaient impuissants devant les recommandations issues d'organisations internationales dont ils contrôlent les missions et les mandats en sous-main. Il apparaît donc important, sur le plan analytique, d'éviter le piège de l'étanchéité qui prend sa source dans une vision étroite, sélective et parfaitement inappropriée, dans ce contexte précis d'après-guerre en tout cas. Il faut plutôt chercher à mettre en lumière les articulations entre les deux plans, ce qui permet de comprendre les raisons profondes de la mise en place de l'État-providence.

Cela dit, cette complémentarité n'implique pas qu'il y ait une quelconque équivalence entre les missions assumées sur les plans national et international. Comme nous l'avons vu, les responsabilités des États-nations n'ont pas la même portée ni le même contenu selon qu'elles s'adressent à leurs propres ressortissants ou aux autres. L'ordre d'après-guerre reposait en effet sur une contradiction : tout en soutenant une stratégie de libéralisation des échanges de marchandises et de capitaux, les États s'engageaient dans une stratégie d'encadrement et de contrôle de la main-d'œuvre et des populations au nom de la solidarité nationale. Dans cette perspective, l'État contemporain pousse à son plus haut niveau la dissociation entre deux marchés : il favorise l'internationalisation de sa production nationale tout en cherchant à mettre sa main-d'œuvre et sa population à l'abri des rigueurs éventuelles de la libéralisation engagée au sein du marché mondial.

Pour bien cerner cette dimension du problème, c'est-à-dire les conséquences de l'implantation des cadres normatifs de l'ordre d'après-guerre sur les économies nationales, il ne suffit pas d'évoquer Keynes, car c'est William Beveridge qui mérite plus que tout autre le titre de « père de l'État-providence ». Beveridge poursuit et approfondit l'effort de Keynes, tout en donnant une signification nouvelle à l'interventionnisme étatique interne. Cependant, comme nous le verrons, l'institution de l'État-providence n'échappera pas non plus au légalisme libéral et elle sera incapable, malgré le recours à la notion de solidarité nationale, d'accorder une reconnaissance pleine et entière aux droits sociaux. C'est ce que je veux montrer en présentant successivement les grandes lignes du providentialisme et les débats entourant la question des droits sociaux.

L'État-providence

La construction — ou la reconstruction selon les cas — des économies nationales reposait, comme c'était le cas à l'échelle internationale, sur trois *piliers* : la sécurité, la justice et le bien-être.

La transposition à l'échelle nationale de ces trois missions devait cependant conduire à la redéfinition des rapports entre les sphères publique et privée à l'intérieur de l'État-nation et à la recomposition de *trois* institutions de base correspondantes : le gouvernement et son administration publique, les entreprises et, enfin, les familles. C'est d'ailleurs la poursuite de ce *triple* objectif qui vient donner tout son sens à la mission de redistribution engagée sous l'égide de l'État-providence. On a en effet tendance à oublier que le défi de la reconstruction ou celui de la reconversion, était intimement lié non seulement à la défense et à la promotion de l'économie nationale et des entreprises, mais aussi à la défense et à la promotion de la famille patriarcale traditionnelle, une institution mise à mal par la guerre elle-même, que l'on cherchera à rétablir dans son rôle et dans sa mission d'institution de base. À cette fin, prenant appui sur le binôme entreprise-famille, l'approche *beveridgienne* du providentialisme sanctionne une distinction de base entre *aptes* et *inaptes* au travail, qui devrait avoir pour effet de renforcer la division sexuelle du travail en vertu de laquelle l'emploi rémunéré serait réservé aux hommes, tandis que les femmes se consacreraient aux tâches domestiques.

L'État-providence devait assumer trois grandes fonctions de gestion ou de contrôle de l'économie nationale : 1. maintenir l'équilibre entre les grands agrégats économiques ; 2. orienter l'investissement ; et 3. poursuivre le plein emploi. Ces fonctions devaient favoriser la croissance des entreprises et, du même coup, avantager les salariés et autres employés, de telle manière qu'*ils* puissent subvenir de manière adéquate au bienêtre de leur famille. Un cercle vertueux était ainsi mis en opération dans la poursuite de ce triple objectif, cercle qui liait l'État à l'entreprise et à la famille. Mais, pour boucler cette boucle, il fallait faire appel à un principe nouveau : la *solidarité nationale*. Le raisonnement était le suivant. Si on avait pu rallier les forces sociales autour de la solidarité nationale pour abattre les puissances de l'Axe, on pouvait reconstruire une solidarité encore plus forte pour éliminer les quatre fléaux intérieurs qui rongeaient encore les sociétés modernes : le besoin, la maladie, l'ignorance et la misère. À cet égard, la pensée de Beveridge apparaît sans doute comme la plus cohérente, lui à qui l'on doit non seulement un *Rapport sur l'assurance sociale* (1942) et un *Rapport sur le plein emploi* (1944), mais également une étude sur la famille, *Changes in Family Life* (1932).

Le concept de solidarité nationale prend appui chez Beveridge sur une simple répartition des citoyens qui ne passe plus par un affrontement entre patrons et ouvriers mais qui passe désormais par la distinction entre les *aptes* et les *inaptes* au travail. Les politiques sociales qui caractériseront l'État-providence ont été articulées autour de cette distinction de base. Le plein emploi permet de lier deux objectifs : *premièrement*, il permet de mettre au travail toute la main-d'œuvre disponible, c'est-à-dire tous ceux qui sont *aptes* à travailler et, *deuxièmement*, il procure un revenu national tel qu'il autorise à faire des ponctions permettant de mettre en place des mécanismes de soutien et de redistribution destinés à ceux qui ne peuvent pas ou à celles qui ne « doivent » pas occuper un emploi rémunéré, les *inaptes*. Selon la conception *beverid-gienne* de l'État-providence, les *inaptes* sont constitués de deux groupes distincts : ceux et celles qui ne sont pas en mesure de travailler à cause de leur âge, qu'ils soient trop jeunes ou trop vieux, et ceux et celles qui, bien qu'ils soient en âge de travailler, ne le peuvent pas, que ce soit de manière temporaire ou de manière permanente. La logique des interventions de l'État-providence se trouve alors établie autour de la définition de suppléments ou de substituts aux revenus du travail, d'une part, et du maintien de régimes universels d'éducation pour les jeunes et de pensions pour les aînés, d'autre part.

Ces interventions renvoyaient à trois types de couverture : les deux premières reposent chacune sur un *principe fondateur* différent, tandis que la troisième relève de l'univers des besoins. Nous allons développer ces idées en reprenant les trois grandes politiques d'interventions de l'État-providence.

Premièrement, l'assurance publique, qui prenait sa source et son inspiration dans l'institution juridique de l'assurance, reposait sur le principe du consentement propre à tout contrat, même si l'assurance en question était obligatoire. Elle reposait ainsi sur la contribution des parties intéressées : patron, employé et pouvoir public. Cette assurance sociale, obligatoire, devait s'appliquer là où existait un contrat de travail préalable. Pensons notamment, à titre d'exemples, à l'assurance-chômage et à l'assurance sur la santé et la sécurité au travail.

Deuxièmement, l'assistance sociale qui, contrairement à l'assurance sociale, ne peut pas reposer sur des contributions puisqu'elle est destinée à des bénéficiaires qui n'ont pas — ou plus — de lien d'emploi. Il faut alors faire appel à un autre principe susceptible de fonder et de justifier les ponctions qui seront effectuées sur l'ensemble des revenus de ces *aptes* pour financer la redistribution auprès des *inaptes*. C'est ici que Beveridge fait appel au principe de la solidarité nationale pour légitimer les prélèvements effectués auprès des uns par les pouvoirs publics pour faire droit aux besoins des autres.

Troisièmement, l'allocation, qui n'a rien à voir avec l'aptitude ou l'inaptitude à travailler, relève d'une autre logique, celle des besoins. Elle repose, comme l'assistance sociale, sur le principe de la solidarité nationale, dans la mesure où elle ne peut pas, par définition, être fondée sur un régime contributoire. Cependant, elle ne participe pas de l'universalité induite par l'application de la distinction entre *aptes* et *inaptes* au travail rémunéré. En effet, contrairement à l'assurance sociale et à l'assistance sociale, l'allocation sociale ne vise pas à procurer un revenu, elle vise à procurer un supplément au revenu pour faire face à des besoins ou à des situations qui, solidarité nationale oblige, ne peuvent plus être imputés aux seules personnes dans le besoin.

Le *Plan de sécurité sociale* (1942) proposé par William Beveridge vise ainsi deux grands objectifs : 1. la mise en place d'un programme d'assurance sociale contre l'interruption ou la destruction du pouvoir de gagner un salaire ; 2. l'adoption de mesures pour compenser certaines dépenses dues à des événements comme la naissance, le mariage et le décès. Avec ce double objectif, les recommandations incorporent trois grands *principes directeurs* : 1. un principe de totalité selon lequel il s'agit de penser la sécurité sociale dans son ensemble au-delà des intérêts sectoriels ou acquis de certaines couches de la population ; 2. un principe organisationnel selon lequel l'assurance sociale n'est qu'une partie d'une politique globale du progrès social ; et 3. un principe de collaboration selon lequel la sécurité sociale doit être réalisée grâce à la coopération entre l'État et l'individu.

Le *Plan* vise ainsi l'amélioration du système d'assurance de l'État et l'ajustement des revenus aux besoins de la famille. La sécurité sociale devrait ainsi permettre une double redistribution du revenu, par l'entremise de l'assurance sociale et par le biais des allocations aux enfants *(« children's allowances »).* Cette distinction voile d'ailleurs un raisonnement intéressant. Pour Beveridge, le niveau de salaire est tout entier déterminé par des contraintes économiques, c'est-à-dire par l'offre et la demande ainsi que par la productivité : la logique du marché ne peut pas répondre aux besoins particuliers des travailleurs aux prises avec des responsabilités familiales plus lourdes que d'autres. Ces prétendus besoins particuliers doivent donc être pris en charge par la société : ce sont des besoins sociaux. C'est la raison pour laquelle la première série d'événements menant à l'interruption ou à la destruction du pouvoir de gagner un salaire devrait être compensée à même des prélèvements effectués auprès des éventuels bénéficiaires eux-mêmes, dans une logique actuarielle semblable à celle que l'on applique en matière d'assurance privée. La seconde série, quant à elle, n'a plus rien à voir avec l'assurance : elle relève plutôt de la logique de la solidarité sociale. C'est pourquoi Beveridge propose de financer ces dépenses à même un impôt universel sur le revenu.

En tant que maître d'œuvre de cette politique, l'État-providence devait — ou aurait dû — assumer notamment deux fonctions redistributrices séparées : 1. fournir l'assurance sociale à ceux et à celles qui sont *aptes* au travail et le plus haut niveau d'assistance sociale aux *inaptes*; 2. verser les allocations suffisantes à ceux et à celles qui n'étaient pas encore ou qui n'étaient plus en âge de travailler. À ce propos, la simplicité de la grille d'analyse de Beveridge, fondée de manière déterminante sur l'âge, et de manière incidente sur le sexe, en facilitait l'application. Beveridge distinguait ou partageait la population totale en six groupes relativement à la sécurité sociale. Les quatre premiers regroupaient la totalité de la population active ou en âge de travailler : les salariés, les travailleurs à leur compte, les femmes au foyer ainsi que ceux qui, volontairement ou non, ne travaillaient pas. Les deux autres groupes comprenaient respectivement ceux qui n'avaient pas l'âge de travailler, qui n'avaient donc pas atteint 16 ans, et ceux qui n'étaient plus en âge de le faire, ayant franchi le cap des 65 ans. Enfin, pour Beveridge, le recours à une politique nataliste était un complément indispensable à l'augmentation prévue des coûts de la mise à la retraite, tout comme une politique d'éducation lui paraissait essentielle pour la qualification de la relève. En ce sens, la reconstitution du lien familial représentait le chaînon manquant dans la mise en place d'une politique socioéconomique *vertueuse,* puisqu'il s'agissait d'intégrer à l'économie politique une politique nataliste qui refusait de dire son nom, politique dont le succès allait être confirmé par le *baby boom* d'après-guerre.

Bien sûr, un gouffre sépare la logique d'ensemble que nous venons d'esquisser et son opérationnalisation dans un ensemble de politiques économiques et sociales. On a eu beau vouloir mettre les femmes et les jeunes à l'abri des rigueurs du travail salarié, essentiellement — dans le cas des femmes surtout — pour les retirer du marché du travail afin de faire place aux anciens combattants, et on a eu beau vouloir recomposer l'institution familiale et relancer la natalité, on a eu beau vouloir opérer des transferts depuis les nantis vers les moins fortunés, on a eu beau vouloir sanctionner l'universalité d'accès à l'éducation et à la santé et on a eu beau vouloir, enfin, en accomplissant toutes ces missions, renforcer la solidarité nationale, il n'en restait pas moins que la poursuite de tous ces objectifs exigeait le maintien d'une vision haute du bien commun et de l'universalité à l'intérieur de la société. Or cela ne s'est pas produit. Et il faut imputer cet échec, certes, au manque de volonté politique ou au manque de ressources financières, mais plus fondamentalement à l'approche *libérale,* au sens juridique du terme, à la question de la promotion des droits sociaux.

Les droits sociaux

Le nœud de la question consiste à savoir quel est le statut juridique du *droit social* qui échoit à ces bénéficiaires de l'assurance sociale, de l'assistance sociale ou des allocations sociales.

À son origine au XIXe siècle, l'assurance sociale relevait surtout du mutualisme. Les premières initiatives d'assurance contre les risques inhérents au travail dans les manufactures et dans les mines sont mises en place à l'instigation de collectifs de travailleurs. Dans un tel contexte, le droit du travailleur assuré ou assisté par *sa* mutuelle a un contenu positif inscrit dans le contrat d'assurance ou d'assistance qui lie les parties. En cas d'accident, le travailleur détient une créance sur sa mutuelle.

Quand on assiste à la prise en charge de ces institutions que sont l'assurance et l'assistance par l'État, ce déplacement porte une double conséquence : il transforme ce qui était jusque-là un droit individuel soutenu et financé par un collectif en un droit social, mais ce droit social, contrairement à ce qui se produisait dans le cas de la mutuelle évoqué tout à l'heure, ne fonde aucune créance chez les bénéficiaires en tant qu'ensemble ou en tant que collectif désigné par une politique sociale quelconque. En d'autres mots, contrairement aux autres droits qui accordent des prérogatives à leurs détenteurs, le droit social a ceci de particulier qu'il revient à la partie qui en universalise ou qui en sanctionne la *jouissance* de définir son contenu et sa substance. La définition du contenu d'un droit à l'éducation n'appartient pas aux étudiantes, aux étudiants, aux éducateurs, ni même aux citoyens, il appartient à l'État, tout comme la définition d'un droit à la santé n'appartient pas aux praticiens et aux patients, ou la définition d'un droit à un niveau de vie décent aux pauvres, aux démunis et aux intervenants.

On voit bien où est la difficulté : si la définition substantielle du contenu de ces droits sociaux que sont les allocations, les prestations, l'éducation, la santé et le niveau de vie décent relève essentiellement du gouvernement, il s'agit dans tous les cas de droits à contenu variable qui peuvent être ajustés en fonction des aléas de la conjoncture économique ou du contexte électoral, et qui pourraient même à la limite être révoqués. Le droit social ainsi entendu puise sa légitimité dans la solidarité sociale mais, du coup, ce prétendu droit prive cette collectivité du pouvoir d'en définir le contenu. À la vérité, le droit social correspond davantage à l'idée que l'on se fait d'une libéralité, c'est-à-dire d'une prérogative qui appartient en propre au pouvoir constitué, qu'à celle d'un droit au sens propre du terme.

Si le droit social appartenait en propre à ses bénéficiaires et aux citoyens, ceux-ci seraient en mesure d'en réclamer le respect et le maintien : les droits sociaux seraient alors justiciables, ce qu'ils ne sont pas.

Pour saisir le sens et la portée de cette méprise sur le sens à accorder à la notion de droit social, méprise qui permet de cerner les limites inscrites dans le traitement *libéral* de la question des droits sociaux, il faut mettre en évidence deux interprétations de la notion de *droit social,* selon que l'on se place à un point de vue sociologique ou au point de vue de la dogmatique juridique en général. Le point de vue *sociologique* dont je m'inspire ici est celui qui est développé par Georges Gurvitch dans son projet de *Déclaration des droits sociaux* publié à New York en 1944, une initiative malheureusement demeurée sans lendemain[1].

Ces deux interprétations de la notion de droit social sont connues respectivement comme étant, l'une, *moniste,* propre à la dogmatique juridique, l'autre, *pluraliste,* qui relève d'une sociologie générale du droit au sens où l'entend Gurvitch. Le monisme juridique de Kelsen, en particulier, en tant qu'il s'oppose au pluralisme défendu par des juristes « socialistes » et par tout un courant de la sociologie depuis Joseph Proudhon, fonde son approche sur le fait que la norme juridique tire sa spécificité du fait qu'elle appartient au monde du devoir-être. À son tour, le devoir-être de la norme juridique, par opposition au devoir-être d'une norme sociale ou économique, voire politique, tiendrait à ce qu'elle serait déductible[2] d'une norme fondamentale généralement inscrite dans la Constitution : elle tirerait ainsi sa validité du fait d'avoir été adoptée et sanctionnée par des instances dûment habilitées.

En revanche, le pluralisme juridique conteste la prétention de l'approche moniste à vouloir saisir la totalité du droit et il dénie à cette vision dogmatique et légaliste son emprise sur tout le droit. Le pluralisme introduit alors la notion de « droit social », entendu dans un sens sociologique extensif : la notion de « social » y désigne le droit de la société dans sa totalité, non le « social » réduit à certaines caractéristiques ou à certaines revendications précises qui sont la matière des droits sociaux, tels qu'on les rencontre dans les chartes et autres documents légaux, par opposition à d'autres droits que l'on intègre à l'ensemble des droits civils. La notion de droit social, au sens de Gurvitch, englobe dès lors tout le droit de la société, qu'il s'agisse, pour reprendre ses propres catégories, des droits sociaux des producteurs, des droits sociaux des consommateurs et des droits sociaux de l'homme, de même que des droits au travail, des droits du travail et des droits au loisir et à la retraite, entre autres.

Cette interprétation extensive de la notion de droit social sert à mettre en lumière le fait que les normes de droit naissent des groupes de producteurs et de consommateurs, des organisations patronales et des organisations syndicales, et non pas uniquement des instances de l'État habilitées à légiférer. Citant Proudhon à l'appui de sa thèse, Gurvitch précise que : « les droits sociaux doivent émaner des groupes autonomes et des individus en tant que centres actifs de la vie juridique[3] ». Cela ne veut bien sûr pas dire que l'État et ses organes ne jouent pas un rôle déterminant et essentiel dans la promulgation des lois et leur sanction. Ces normes adoptées par l'État ne sortent toutefois pas de nulle part : elles naissent de la société, des groupes économiques par exemple, ou encore d'autres groupes organisés qui réussissent à faire cheminer leurs exigences normatives à travers les réseaux étatiques. En un sens, la démarche de ces sociologues et juristes est non seulement moins formaliste et légaliste que la démarche moniste, elle est aussi plus soucieuse de l'origine empirique et de la trajectoire véritable des normes.

Cette démarche quitte cependant le domaine analytique quand elle soutient que le pluralisme n'est pas seulement un parti pris méthodologique ou théorique, mais qu'il est un « idéal moral et juridique » et que « le principe démocratique est [...] inséparable de l'idéal pluraliste[4] ». Plus fondamentalement, le pluralisme juridique apparaît comme une condition essentielle à un véritable ancrage des droits dans les groupes et les individus eux-mêmes : ceux-ci détiendraient alors de véritables *créances* à l'encontre de l'État, alors que la vision moniste et légaliste envisage plutôt le droit social comme un simple devoir d'État contre lequel les citoyens n'ont pas de prétentions juridiques à faire valoir, tout au plus de *simples* prétentions politiques à travers les mécanismes de la représentation. En ce sens, le monisme conforte une certaine vision de la démocratie représentative, vision qui se situe dans le droit prolongement de la concurrence que se livrent les partis politiques à l'encontre de l'approche en termes de démocratie sociale soutenue par les tenants du pluralisme sociologique. C'est ainsi toute la question des rapports entre les individus et leurs groupes d'appartenance qui est évoquée à cette occasion, question qui apparaît en filigrane dans le débat autour de la juridicité et de la justiciabilité des droits dans leur ensemble, et des droits sociaux en particulier.

En définitive, ce débat permet de mettre en lumière à quel point l'*esprit* qui anime la mise en place de l'ordre d'après-guerre intègre une démarche dogmatique et légaliste à la question de la reconnaissance, de la définition et de la sanction des droits fondamentaux. Cette démarche n'a rien à voir avec l'approche sociojuridique large défendue par les tenants du pluralisme juridique. L'incompatibilité des définitions du « droit social » préconisée dans chaque cas illustre au mieux ce fait : pour les uns, les droits humains fondamentaux sont, en quelque sorte par essence, des droits sociaux ; pour les autres, les droits humains fondamentaux sont d'abord et avant tout des droits individuels et civils. Pour ces derniers, la notion même de droit *social* fait problème parce qu'il s'agirait d'un droit sans sujet, sans détenteur et, partant, sans recours. C'est dès lors le double problème de la juridicité et de la justiciabilité du droit social qui se trouve d'emblée posé par la démarche dogmatique. Au moment où se met en place le cadre normatif de l'après-guerre, c'est bel et bien le démocratisme politique et la reconnaissance des droits civils qui sont au centre des préoccupations. Cela n'empêche pas que certains droits sociaux aient été inscrits dans la *Déclaration universelle des droits de l'Homme,* adoptée par l'Assemblée générale de l'Organisation des Nations Unies le 10 décembre 1948. Les articles 22 à 25 de la *Déclaration* consacrent ainsi un certain nombre de ces droits, comme le droit au travail, le droit à la sécurité sociale, le droit aux congés payés, le droit syndical, ainsi que le droit à la protection des mères et des enfants.

La limite inscrite dans la logique libérale d'institutionnalisation des droits civils et politiques, d'une part, des droits économiques, sociaux et culturels, de l'autre, se retrouve donc en même temps sur les deux plans international et national.

Conclusion

La pensée constituante de l'ordre d'après-guerre cherchait à instaurer la sécurité, la justice et le bien-être pour tous les citoyens et les citoyennes de la planète en prévoyant une articulation originale entre les fonctions que les États devaient assumer sur les deux plans international et national. L'institutionnalisation d'un ensemble de missions appartenant de plein droit à un État-Janus, sous sa double incarnation d'État-providence à l'interne et d'État-nation à l'externe, conduira cet ordre à instaurer deux universalités : une universalité d'ordre international et une autre d'ordre national ou interne. On aura ainsi un *univers* composé d'États juridiquement égaux dans un espace international et un *univers* formé des citoyennes et des

citoyens formellement égaux dans l'État. Cependant, grâce à
cette *faculté* qu'on accordera aux biens et aux capitaux de circuler *librement* dans un espace international, on se trouvera de
ce fait à universaliser la reconnaissance du droit de propriété
tandis que, en étatisant les droits sociaux et en les plaçant sous
la tutelle de l'État, on se trouvera à brider et à entraver les mouvements des citoyens et des citoyennes en les confinant dans
des programmes nationaux.

Cette logique de système favorisera la transnationalisation
des fonctions économiques, commerciales, financières et bancaires sous la tutelle de l'État d'un côté, et une plus grande
mainmise des pouvoirs publics sur la définition et la promotion
d'un bien-être social, avec toutes les inégalités en termes de
développement social entre pays que cette démarche ne manquera pas d'induire, de l'autre. Cette discrimination systémique
à grande échelle entre les niveaux de développement social
selon les pays trouve sa racine dans le fait que l'ordre d'après-
guerre favorisait l'internationalisation des économies des seuls
pays riches et confiait à tous les États, qu'ils fussent riches ou
pauvres, la responsabilité d'assumer les coûts sociaux d'une
externalisation des économies qui ne favorisait que les premiers.

Cette discrimination systémique s'explique par la nature
des rapports entre l'économie et le social, ce dernier étant vu
comme subalterne, résiduaire ou supplétif, couvrant des missions qui échappent à la loi du marché et qui doivent alors être
prises en charge par des communautés ou des administrations
publiques. En d'autres termes, tout en posant les jalons de la
construction d'une seule économie-monde, on a renforcé les
prérogatives des États en matière sociale, tout simplement parce
que, incapables de concevoir ou de penser la société-monde, on
s'est rabattu sur l'étatisation du social. L'internationalisation
des économies et la formation d'un seul marché mondial
devaient ainsi conduire, paradoxalement, à la multiplication
des États, dont le nombre total passe d'une soixantaine en 1945
à plus de deux cents à l'heure actuelle. Cette multiplication était

liée, en dernière analyse, à l'idée selon laquelle les droits collectifs d'une communauté dominante doivent obligatoirement être pris en charge par un État, idée qui rejoignait cette autre selon laquelle il fallait à tout prix fragmenter les anciens empires coloniaux sur des bases communautaires justement.

Cette conception des relations entre l'international et le national conduira à l'établissement d'une distinction fondamentale dans la panoplie des droits *universels* de l'Homme, entre les droits civils et politiques, d'un côté, les droits économiques, sociaux et culturels, de l'autre. En tant que droits individuels, les droits civils et politiques exigent de l'État qu'il se place à l'écart et qu'il n'entrave pas leur exercice, tandis que, à l'inverse, la reconnaissance des droits économiques, sociaux et culturels exige au contraire des interventions positives de la part de l'État.

La promotion du bien-être collectif est ainsi tributaire de cette dichotomie instaurée au sein de l'économie entre des facteurs de production qui sont susceptibles d'être internationalisés — comme le capital, les marchandises et, plus tard, les services — et un autre qui ne peut ni ne *devrait* l'être et qui, à ce titre, devrait demeurer confiné à l'intérieur de l'espace national : le facteur travail. En d'autres mots, l'instauration d'un principe de libre circulation des facteurs matériels de production dans l'espace international apparaît comme le lubrifiant qui devait permettre de favoriser l'instauration du cercle vertueux qui lierait entre eux sécurité, justice et bien-être pour l'ensemble des citoyens à l'échelle nationale. La quête de la plus grande mobilité matérielle internationale devait donc servir à la promotion de la plus grande aisance matérielle nationale. Mais elle servait aussi une autre fin, puisque l'ouverture des frontières au commerce international permettait de les fermer à l'influx de la main-d'œuvre étrangère. En ce sens, l'établissement du cadre normatif de l'après-guerre institue non seulement une nouvelle vision d'un ordre international étatique liée à l'extension des marchés internationaux et à la défense d'une sécurité politique, militaire, puis économique ; il institue également une *socialité* originale à l'intérieur, en vertu de laquelle l'État devient en quelque sorte le promoteur et le défenseur de la société nationale.

L'expression « État-nation » synthétise bien ces deux versants du nouveau rôle assumé par ces pouvoirs dans l'après-guerre : l'*État* renvoie à la dimension internationale de l'action d'une collectivité disposant de la pleine souveraineté, la *nation* à son incarnation en tant que réalité en acte d'une solidarité intérieure. L'internationalisation des marchés des marchandises et du capital vient donc renforcer le recours au nationalisme économique au sein de chacune des conjonctures étatiques sur le plan interne. Cet ordre se trouve ainsi à opposer de manière originale l'économie et le social à partir d'une démarcation entre deux dimensions de l'économie à laquelle répondent un seul État et un seul lieu du social. Autrement dit, c'est précisément sur cette opposition entre une économie matérielle, qui serait par définition internationalisable, et une économie humaine ou « sociale », qui ne le serait pas, que le social se trouverait pris en charge par l'État. C'est le sens profond à donner à l'idée selon laquelle l'État-providence sera par excellence une instance qui opérera l'étatisation du social, une étatisation inscrite au cœur même du cadre institutionnel instauré au cours des années 1940.

Pour terminer, je voudrais insister sur la nécessité, pour éviter les méprises concernant l'interprétation des transformations actuelles au sein des États, d'établir une distinction entre le régime de l'économie mixte et celui de l'État-providence. Il faut savoir rendre à Keynes ce qui relève de lui, c'est-à-dire de sa pensée et de son action, tout comme il faut accorder à Beveridge tout le crédit qui lui revient. Keynes n'est pas le théoricien du providentialisme : c'est le théoricien de l'économie mixte, comme nous l'avons vu au chapitre précédent, tandis que Beveridge, tenant pour acquis les avancées de la pensée keynésienne et, en particulier, l'économie mixte, propose d'édifier un État providentialiste sur cette base.

Sans économie mixte, il ne peut pas y avoir d'État-providence, mais le passage à l'économie mixte ne conduit pas forcément au providentialisme, loin de là; ce sont deux processus distincts, mais dont l'un repose sur l'autre. Cette distinction est importante à plus d'un titre. Elle nous permet de voir et de comprendre que, parmi tous les États qui opéreront leur passage à l'économie mixte, peu nombreux sont ceux qui souscriront également au providentialisme. Mais elle est importante surtout pour prendre acte du fait que l'on pourra procéder au démantèlement de l'État-providence sans renoncer pour autant au recours à l'économie mixte.

De plus, il convient de noter que le passage au providentialisme exige un certain niveau de richesse *et* de développement, de sorte qu'il se rencontre essentiellement à l'intérieur de certains pays développés, pas de tous, et rarement dans les pays en développement. Toutefois, au-delà de la question du niveau de richesse, le providentialisme doit être interprété de deux façons complémentaires. Le premier versant du providentialisme, son versant intérieur ou interne, est celui qui devrait permettre une meilleure répartition du revenu total auprès de tous les citoyens, *aptes* et *inaptes,* pour reprendre la nomenclature de Beveridge; mais ce que l'on instaure sur ce versant-là, au nom de la *solidarité nationale,* ceux et celles qui n'en font pas partie n'y ont pas droit. En d'autres termes, sur l'autre versant, extérieur ou international, l'institution de l'État-providence induit une démarcation entre la solidarité nationale, qui trouve sa réalisation dans un État-nation, et une solidarité internationale, qui n'a d'existence que dans les discours et les bonnes intentions, bref, qui n'est *réalisée* nulle part. Il y aurait alors toute une analyse à faire autour de cette question du développement au Nord, qui passe par le providentialisme, et du développement au Sud, que l'on s'acharnera à faire passer par d'autres voies. Que ne s'attachait-on à renforcer le providentialisme au Sud au beau temps de la *guerre froide,* par exemple, au lieu de s'enfoncer dans le paternalisme de l'*aide extérieure*?

Il faudrait pouvoir aller plus loin et montrer qu'une des raisons les moins avouables pour lesquelles *certains* États ont souscrit au providentialisme et fait appel à la « solidarité nationale » se trouvait dans la volonté de contrôler les flux internationaux de main-d'œuvre et de mettre leur propre marché interne de travail à l'abri des rigueurs d'une concurrence mondiale de main-d'œuvre, surtout d'une concurrence issue des pays les moins développés. C'est ainsi que la politique migratoire apparaîtra dans bien des cas comme la face cachée du providentialisme, ce qui met de nouveau en évidence la dissymétrie entre les versants interne et externe du providentialisme. C'est ainsi que, en matière de politique migratoire, les États du centre en général et les États-providence en particulier sanctionneront des politiques et des programmes dont l'esprit et la lettre ne répondront plus à des critères de solidarité et de partage, comme cela *aurait dû* être le cas pour les nationaux.

Pour terminer, je voudrais revenir rapidement sur le lien entre providentialisme et *baby-boom,* sur cette idée de reconstruction de la cellule familiale en tant que cellule économique de base, complément indispensable à la production à plusieurs niveaux. Ici aussi, il faut évoquer l'idée des deux versants : celui de la production, avec ses usines et ses bureaux, et celui de la consommation, avec ses familles et ses « ménages ». Nous entrons alors dans une dynamique caractéristique en vertu de laquelle la croissance de la production totale et les exigences d'une répartition plus *solidaire* du revenu national ne reposent plus seulement sur l'investissement et les gains de productivité, mais également sur un accroissement dynamique des effectifs. Le recours à une politique nataliste avait des finalités aussi bien économiques que nationales et, en ce sens, ceux qui la préconisaient visaient aussi à favoriser la croissance des populations nationales dans un contexte où l'on craignait les effets de débordement d'une explosion démographique dans les pays du Sud.

CHAPITRE 3

Mondialisation et régionalisme au temps de la *guerre froide*

Là où les penseurs et autres architectes de l'ordre d'après-guerre rêvaient d'un monde unifié, c'est un monde profondément divisé en « blocs » rivaux qui émergera très tôt des débats et autres rencontres internationales. Pour comprendre l'émergence de ces blocs, il faut tenir compte de deux ensembles de faits : le « conflit du siècle[1] », qui viendra imposer ses propres contraintes à l'ensemble du système mondial, et le maintien — plutôt que le démantèlement — des empires et autres régimes coloniaux, de sorte que le mouvement de décolonisation lui-même sera profondément marqué et déterminé par les rivalités entre grandes puissances.

Que s'est-il donc passé entre la Conférence de Yalta, en 1945, où l'on assiste au partage du monde entre les trois Grands, les États-Unis, l'URSS et le Royaume-Uni, et le discours du général George C. Marshall, à Harvard, le 5 juin 1947, jour anniversaire du débarquement allié en Normandie, au cours duquel il lance un plan d'aide à la reconstruction de l'Europe ? Bref, comment expliquer que la vision universaliste n'ait pas tenu deux ans ?

Une réponse pleine et entière à cette question déborderait des cadres de la présente analyse ; je vais me contenter de souligner quelques éléments. Le premier, et le plus déterminant sans doute, est que le ralliement de l'URSS au camp des Alliés a été déterminé par des circonstances extérieures davantage que par un rapprochement véritable effectué par les uns et les autres autour d'un projet commun. En effet, tout au début de la guerre, en août 1939, l'URSS avait négocié un pacte de non-agression avec l'Allemagne nazie, le *Pacte Ribbentrop-Molotov*, et c'est en vertu de ce pacte que l'Armée rouge envahira la frontière orientale de la Pologne et participera au découpage du pays. Ce n'est qu'à compter de l'Opération Barberousse, déclenchée le 22 juin 1942, et l'invasion subséquente de l'URSS par l'armée allemande, que l'URSS bascule dans le camp des Alliés. Or, cette « alliance » était loin de faire l'unanimité. On peut s'en faire une idée, et c'est notre seconde illustration, en se rappelant qu'aux États-Unis le rapprochement entre les deux puissances était fortement contesté, aussi bien à l'intérieur du gouvernement, notamment au département d'État, qu'au sein de la société américaine elle-même. Pour n'en fournir qu'une seule illustration, c'est en cette même année 1942 que la Commission d'État Rapp-Condert dépose son rapport sur l'infiltration communiste dans les écoles de l'État de New York et recommande la mise hors la loi du parti communiste[2]. Enfin, l'immédiat après-guerre confirme la polarisation entre les deux camps alliés quand, l'un après l'autre, les gouvernements de coalition au pouvoir dans les pays de la future Europe de l'Est sont intégrés dans l'orbite de l'URSS. La rupture est consommée par Churchill dans un fameux discours prononcé à Fulton, dans le Missouri, en 1946, quand il laisse tomber sa formule devenue célèbre à propos de la mise en place d'un « rideau de fer » en Europe.

La première conséquence sur le système mondial de ce que

les autorités américaines appelleront bientôt la *guerre froide*, et la plus déterminante, c'est que ce système devra désormais composer avec une rivalité entre deux « blocs » qui imposeront leurs exigences stratégiques et tactiques à l'ensemble du monde[3]. Cette rivalité imposera ses exigences propres non seulement à l'échelle internationale mais également à l'intérieur de chacune des conjonctures nationales. La *guerre froide* constitue donc *aussi* un défi interne pour tous les États-nations. Nous ne sommes désormais plus en présence d'un ordre universel, voire mondial, comme on l'avait souhaité, mais de deux *régimes* politiques et économiques. Il en résultera que certaines institutions économiques internationales — dont celles issues de Bretton Woods, le FMI et la Banque mondiale — seront pratiquement laissées en plan et que l'on jettera les bases de nouvelles organisations ayant le mandat de contribuer dans les meilleurs délais au relèvement des pays de l'Europe de l'Ouest et du Japon.

Nous assistons ainsi à la mise en œuvre d'une stratégie économique et militaire de la part des États-Unis en direction de l'Europe et du Japon, deux territoires qui vont bénéficier d'une aide économique sans précédent devant leur permettre de faire face à la menace soviétique. Parallèlement, l'URSS répond au *Plan Marshall* en mettant sur pied le *Plan Molotov* et, du coup, ce sont tous les espaces économiques continentaux, que ce soit en Amérique latine, en Afrique ou en Asie, qui seront affectés par ces réalignements intervenus dans la politique extérieure des deux Grands.

Ces développements conduiront, dans les faits, à la formation de plusieurs niveaux de régionalismes. Nous avons en effet, à un niveau d'ensemble, une division du monde en deux grands blocs rivaux, les blocs capitaliste et socialiste, entre lesquels viendra bientôt s'insérer un troisième qui ne forme pas du tout un « bloc » au sens des deux premiers, puisqu'il rassemble tous les pays qui ne font partie ni du premier ni du deuxième monde et qui forment ce qu'Alfred Sauvy proposera d'appeler le *Tiers-Monde*. Nous avons ensuite, à l'intérieur des blocs de premier niveau, les régions et autres espaces d'intégration économique constitués autour d'ententes, d'accords et autres arrangements qui auront été négociés avant, durant ou peu après la Seconde Guerre. Le système des Nations Unies lui-même incorporera de manière statutaire un régionalisme à dimension continentale dans son fonctionnement, en prévoyant la mise sur pied de cinq commissions. La Commission économique pour l'Europe (ONU/CEE), constituée à la suite d'une recommandation du Conseil économique et social, en 1946, entrera en activité le 28 mars 1947, en assumant des responsabilités dévolues à plusieurs organisations régionales, dont le Comité économique d'urgence pour l'Europe, la Commission européenne du charbon et l'Organisation européenne du transport intérieur. En sont membres d'office tous les États européens membres de l'ONU, ainsi que les États-Unis. La Commission économique pour l'Amérique latine (CEPAL) sera créée en 1948 et elle deviendra la Commission économique pour l'Amérique latine et les Caraïbes (CEPALC) en 1984. Par la suite seront mises sur pied une Commission économique et sociale pour l'Asie et le Pacifique, une Commission économique et sociale pour l'Asie occidentale et, enfin, une Commission économique pour l'Afrique (ONU/CEA) en 1958.

Enfin, nous aurons un dernier niveau de régionalisme qui lie le premier monde surtout, mais parfois également le deuxième monde, au Tiers-Monde. Ce niveau de régionalisme est formé des empires coloniaux anciens et nouveaux, des accords préférentiels entre métropoles et satellites, du Commonwealth britannique, qui seront d'une manière ou d'une autre incorporés à l'ordre politique et économique mondial. Ces liens connaîtront des transformations et des reconversions profondes dans la foulée des mouvements d'indépendance nationale des années 1960.

De l'internationalisation de droit
au régionalisme de fait

Si, en principe, dans un monde unifié et pacifié par l'échange, il pouvait sembler contradictoire de reconnaître à certains pays — ou regroupements de pays — un statut économique particulier, il n'en reste pas moins que la question du régionalisme économique ne pouvait pas être esquivée. Dans un premier temps, cette reconnaissance conduit à la recherche d'une plus grande compatibilité entre l'*Acte de Chapultepec*, signé à Mexico en 1945[4], et les autres accords internationaux. Dans un deuxième temps, le régionalisme peut apparaître comme une revendication légitime, aussi bien à l'intérieur du cadre des Nations Unies que dans celui d'accords commerciaux, comme l'illustre l'adoption de l'article XXIV du GATT sur les unions douanières et les zones de libre-échange en 1947.

La question d'entente régionale en matière de paix et de sécurité internationales s'est également posée très tôt. Le chapitre VIII de la charte de l'ONU ne s'oppose pas aux accords ou organismes régionaux ni à des actions de caractère régional pour autant qu'ils soient compatibles avec les objectifs des Nations Unies. La question du régionalisme économique ne fut d'ailleurs pas abordée seulement par le Conseil économique et social ; elle le fut également par les grandes organisations économiques régionales et lors des premières discussions préparatoires à la Conférence internationale sur le commerce et l'emploi.

À l'époque, les États-Unis sont les plus critiques à l'égard du régionalisme économique[5] et leurs *Propositions pour l'expansion du commerce mondial et l'emploi*, en novembre 1945, étaient on ne peut plus claires à ce sujet : les membres de la future OIC devaient accorder aux produits importés des autres membres un traitement qui ne soit pas moins favorable que celui qu'ils accordaient aux produits nationaux pour tout ce qui avait trait à la fiscalité et à la réglementation du commerce des marchandises[6]. Le lien entre la liberté, la sécurité et la paix devait ainsi reposer sur la *libre* entreprise et la *liberté* du commerce. Cette position visait en même temps à desserrer l'étau dans lequel les puissances coloniales tenaient encore leurs colonies. En effet, en procédant de la sorte, les États-Unis cherchaient à consolider leur position hégémonique sur les échanges commerciaux à l'échelle du monde.

Comme on le voit, le débat autour de ces accords n'était pas seulement d'ordre économique mais aussi d'ordre politique. En conséquence, le principe qui allait prévaloir serait celui selon lequel les unions douanières et les zones de libre-échange devaient conduire à la libéralisation complète des échanges. Grâce à cette interprétation bienveillante, il devenait possible d'envisager ces initiatives dans une perspective qui n'était pas sans rappeler celle qu'on avait adoptée dans la *Charte des Nations Unies* à propos du régionalisme politique, que l'on tolérait à la condition qu'il contribue au développement des échanges internationaux.

En rétrospective, les dispositions prévues à l'article XXIV étaient trop larges pour pouvoir donner lieu à des interprétations précises et contraignantes, de sorte que ce sera toujours le pragmatisme qui prévaudra, comme en témoigne le fait que pas moins de quatre-vingts accords ont été notifiés et examinés par le GATT entre sa fondation et les années 1990.

L'examen de la contribution de ces accords à la libéralisation des échanges et au développement du commerce international permet de se rendre à l'évidence : c'était moins pour libéraliser les échanges, ou même pour favoriser le développement du commerce international, que les pays signaient des accords régionaux, mais bien pour des raisons beaucoup plus pratiques et immédiates. À ce niveau, le GATT n'a jamais pu faire grand-chose, son rôle n'étant pas de s'interroger sur le bien-fondé des raisons fournies mais d'examiner et d'évaluer le contenu des accords signés, c'est-à-dire d'évaluer leur compatibilité avec les règles existantes et leurs effets sur le système commercial. C'est donc dire que, du moment que le contenu de ces accords s'avérait conforme aux dispositions de l'article XXIV, conformité que l'on n'a jamais pu établir de manière précise, les parties contractantes avaient toute la marge de manœuvre nécessaire pour faire ce qu'elles voulaient. Cette complaisance ne sera pas sans avoir des effets délétères sur la légitimité même du processus de construction d'un ordre économique prétendument international.

L'Europe de l'Ouest

Afin d'illustrer comment s'est opéré le passage au régionalisme, je voudrais m'attarder sur deux cas : celui de l'Europe de l'Ouest et celui de l'Amérique latine. Le premier est important à plus d'un titre : d'abord parce que sa mise en place apporte un certain démenti à la volonté assurée par les grandes puissances de mettre en place un ordre véritablement universel, mais aussi parce que le projet européen représente à sa façon une transposition de l'esprit et de la lettre de la vision universaliste libérale et interventionniste qui a eu une influence si forte sur l'architecture de l'ordre d'après-guerre[7]. J'ai aussi choisi de retenir le cas latino-américain parce que cette mise en perspective me paraît importante pour cerner la logique d'expansion qui sous-tend le projet de libre-échange à l'échelle des Amériques. Mais j'ai choisi de retenir ces deux exemples pour une autre raison, sans doute beaucoup plus fondamentale, qui tient aux options qui s'offriront à nous quand viendra le temps de faire un retour critique sur l'actuel processus de la globalisation des économies.

La Seconde Guerre n'est pas si tôt conclue que la grande Europe de l'Atlantique à l'Oural est l'objet de deux, voire trois, projets d'intégration. En premier lieu, et en première ligne en quelque sorte, il y a cet affrontement entre l'Est et l'Ouest qui la découpe en deux zones d'influence étanches, l'une encadrée par le *Plan Marshall,* l'autre par le *Plan Molotov*[8]. Nous avons ensuite, à un second niveau, une Europe de l'Ouest travaillée par des forces endogènes qui tentent de consolider une Europe unie derrière plusieurs projets d'États-Unis d'Europe. Il y a, enfin, à un troisième niveau, des projets géographiques ou sectoriels d'intégration en cours de réalisation, comme celui du Benelux et de la Communauté européenne du charbon et de l'acier. Le résultat net, aussi bien des compatibilités que des incompatibilités entre projets concurrents, conduira à une superposition de plusieurs Europes, entre *des* Europes économiques d'une part, une Europe civile et politique d'autre part.

En nous attardant aux événements entourant la rencontre tenue à La Haye en 1948, ainsi qu'au traité qui en est issu, ce sont quelques-unes de ces incompatibilités entre approches internes à l'intégration européenne qu'il s'agit de mettre en lumière. Par après, en nous attardant au *Traité de Bruxelles* et à ses suites, ce sont les prolégomènes à la création d'une communauté européenne qui seront présentés.

Durant la guerre déjà et, à plus forte raison, à son issue, les débats sur l'Europe de l'après-guerre monopolisent les esprits. Si un consensus fort est établi très tôt sur les méfaits d'un nationalisme excessif, les *dissensus* persistent autour des modèles de développement susceptibles d'assurer la paix, la sécurité et le bien-être, comme en témoignent avec éloquence les publications signées par Carr, Daniel-Rops, Maritain, Camus, Sartre, Benda, de Jouvenel, Halévy, de Rougemont et Monnet, entre autres. Ce ne sont pas ces réflexions et analyses qui m'intéressent au premier chef, mais bien les principales composantes du mouvement européen lui-même. Ce mouvement comprend le *United Europe Movement* de sir Winston Churchill, le Conseil français de l'Europe de R. Courtin, les Nouvelles Équipes internationales de tendance démocrate-chrétienne, le Mouvement socialiste pour les États-Unis d'Europe, l'Union européenne des fédéralistes et l'Union parlementaire européenne, des organisations à caractère politique, de même que la Ligue européenne de coopération économique, fondée en 1946 par P. van Zeeland, qui est favorable au libre-échange et dont l'esprit est proche de celui de la Chambre de commerce internationale.

Toutes ces organisations, et d'autres qui seront mentionnées plus bas, convoqueront un Congrès de l'Europe qui se tiendra en 1948 à La Haye. Comme en témoignent ses nombreuses retombées, ce Congrès a eu une influence déterminante sur l'intégration à paliers multiples en Europe. En effet, c'est le Congrès qui réclamera la création d'une assemblée européenne, l'établissement d'une Cour des droits de l'Homme, la réalisation d'une union économique et douanière et, enfin, l'institution d'un centre européen de la culture. Les deux principaux prolongements institutionnels du Congrès seront la création du Conseil de l'Europe, en 1949, et celle du Mouvement européen, sous la présidence de Paul-Henri Spaak, en 1950. Les trois autres prolongements organisationnels de ce Congrès seront la création d'un Centre européen de la culture en 1948, la tenue de la Conférence économique de Westminster, en 1949, un jalon important dans la mise sur pied de la communauté européenne, et, enfin, la convocation d'une Conférence sociale à Rome, en 1950.

Cela dit, il ne faudrait pas pour autant tirer de ces faits que le mouvement en faveur de l'unité européenne naît lors de la Seconde Guerre. Rien ne serait plus faux. Sans remonter au Saint Empire romain germanique, il suffirait d'évoquer les noms de précurseurs aussi célèbres que Bakounine ou Victor Hugo, qui ont tous deux porté l'idée d'une fédération des pays d'Europe au XIXe siècle, pour se convaincre que les racines d'un tel projet d'union sont profondes. Cependant, ce qui frappe le plus dans ce mouvement, au sortir de la Seconde Guerre, n'est pas sa ligne de fond et son esprit, déjà présents au sortir de la Première Guerre mondiale, mais plutôt le fait que les architectes et penseurs de ce nouveau projet reprennent les termes de l'ancien en substituant, dans bien des cas, le qualificatif « européen » là où leurs prédécesseurs avaient plutôt eu recours au qualificatif « mondial ». Cette substitution est d'ailleurs tout à fait significative du décentrement intervenu dans la réalité des choses puisque l'Europe n'est plus alors le centre du monde ; elle devient l'enjeu des rivalités entre deux grandes puissances.

Ces quelques rappels nous permettent de juxtaposer deux moments forts dans la construction de l'ordre d'après-guerre, moments qui se superposent dans le temps et dans l'espace. Au cours d'un premier moment, on assiste à la création d'un ordre mondial au sens large de l'expression, moment à la fois ambitieux et abstrait, alors que certains envisagent ce monde « comme un tout », pour reprendre la formule de Shotwell, et cherchent à mettre en place les institutions et autres organismes susceptibles d'encadrer cette construction et la vision qui la porte. Au cours d'un second moment, on assiste à la mise en place d'un ordre européen porté, quant à lui, par le poids d'une histoire tourmentée, une histoire revue et corrigée par la conjoncture des années 1940 bien sûr, mais une histoire qui permet de comprendre à la fois le sentiment d'urgence qui anime les architectes *des* projets européens et l'ampleur de leurs visées.

Cependant, si le Congrès de La Haye conduit à la création d'un Conseil de l'Europe à treize qui a l'ambition de surmonter la rivalité entre l'Est et l'Ouest autour de la question des droits civils et politiques, les choses sont à la fois plus tranchées et plus compliquées au niveau de l'intégration économique. En effet, non seulement nous faisons face ici à la division entre l'Est et l'Ouest, mais nous devons également tenir compte du fait que pas moins de trois projets d'intégration ont cours en Europe de l'Ouest au même moment.

Le dévoilement du *Plan Marshall*, le 5 juin 1947, conduit à la mise sur pied de l'Organisation européenne de coopération économique (OECE), l'ancêtre de l'Organisation de coopération et de développement économiques (OCDE) qui comprend au départ 18 participants[9]. L'OECE peut être considérée à juste titre comme la première grande organisation économique régionale de l'après-guerre, la première du moins qui ait répondu de manière aussi explicite à des préoccupations d'ordre géopolitique tout autant qu'économique[10]. Que ce soit sur le plan de la reconstruction économique elle-même, sur celui de la libéralisation des échanges, sur le plan monétaire ou encore sur celui de la coordination des politiques, son œuvre est considérable, même si elle échoua dans son projet d'intégration économique et politique de l'Europe de l'Ouest. Le projet de l'« otaniser », comme les États-Unis le proposeront, ayant été rejeté, elle survivra malgré tout et l'on en fera, en 1961, un forum de coopération économique élargi, sous le nom d'Organisation de coopération et de développement économiques (OCDE). Nous n'insisterons pas sur ces débats si ce n'est que pour constater que le dossier de l'intégration échappera à peu près totalement à l'OECE, de sorte que les pays européens s'engageront dans deux directions différentes. Les uns, en signant le *Traité de Rome*, en 1957, porteront le projet fort ambitieux à l'époque de former une Communauté économique européenne (CEE), tandis que les autres se rabattront, en 1960, sur le projet plus modeste de former l'Association européenne de libre-échange (AELE)[11].

Les organisations qui ont convergé vers La Haye lors du Congrès de 1948 ne sont pas les seuls intervenants ; il convient de mentionner d'autres composantes, comme le Conseil national du patronat français (CNPF) qui, en 1949, réunit les grandes confédérations industrielles de 13 pays. Ces organisations créent un organe de liaison avec l'OECE qui, à son tour, reconnaît le Conseil des fédérations industrielles d'Europe (CFIE) comme « l'organisation internationale non gouvernementale avec laquelle les relations officielles seront entretenues pour les questions intéressant du côté patronal les organisations industrielles des pays membres ». Plus tard, l'action de ce

Conseil s'étendra aux Commissions économiques et sociales du Conseil de l'Europe. L'année suivante, en 1950, la Chambre de commerce internationale (CCI), créée en 1919, se dote d'une commission des Affaires européennes, en attendant la mise sur pied d'une commission des affaires d'Asie et d'Extrême-Orient, qui présente un projet de marché unique sans planification centrale au Conseil de l'Europe (mars 1950) et qui recommande la mise en vigueur de l'Union européenne des paiements. Pour sa part, la Confédération européenne de l'agriculture succède à la Commission internationale de l'agriculture, créée en 1889. Du côté syndical, 1948 voit la naissance de la Confédération internationale des syndicats libres (CISL) et, en 1949, celle du Mouvement des travailleurs chrétiens pour l'Europe. La première, en particulier, jouera un rôle de consultation, tant auprès des instances chargées de la mise en place du *Plan Marshall* qu'auprès de l'OECE[12]. Elle joue encore ce rôle d'ailleurs jusqu'à aujourd'hui auprès de l'OCDE, à l'intérieur de la Commission syndicale consultative, ou *Trade Union Advisory Committe* (TUAC), à l'instar du Comité consultatif économique et industriel, ou *Business and Industry Advisory Committee* (BIAC).

Pour les Six qui ont signé le *Traité de Paris* créant la Communauté européenne du charbon et de l'acier (CECA), en 1957, puis le *Traité de Rome,* la même année, l'intégration économique répondait à des ordres de préoccupation fort différents de ceux qu'avaient les États-Unis. Les visées des uns et des autres ont cependant convergé à la faveur de la *guerre froide.* L'originalité et la nouveauté de ce qui allait devenir l'Europe communautaire résidaient dans l'objectif de mettre en place des institutions communes et de faire de l'intégration économique le socle sur lequel devait reposer ce qu'on appellera plus tard la « Maison commune ». Durant les années 1980 et 1990, l'intégration européenne ne connaîtra pas les mêmes tourments que l'intégration latino-américaine. L'Europe communautaire, disposant d'un poids géopolitique et économique sans commune mesure avec celui de l'Amérique latine au départ et occupant une position stratégique entre les deux grands rivaux de la *guerre froide,* sera soumise à des pressions politiques d'un autre ordre qui la mettront à l'abri des interventions militaires directes, contrairement à ce qui se produira en Amérique latine. Mais l'édifice communautaire n'en sera pas moins sérieusement ébranlé au fur et à mesure que l'on prendra conscience des effets de la globalisation des marchés : non seulement la vision que l'on avait jusque-là du rôle de l'État se trouvera remise en question, mais aussi celle du rôle que devaient remplir les institutions régionales elles-mêmes. Il fallait alors revoir en profondeur les principes qui avaient été à son origine et redéfinir les termes dans lesquels l'intégration pouvait être poursuivie si l'Europe communautaire voulait continuer de jouer un rôle à la hauteur de ses ambitions sur la scène internationale.

Dans la foulée des recommandations du *Rapport Delors,* la signature de l'*Acte unique européen* par le Conseil de la Communauté européenne, en février 1986, devait faciliter la transition vers la mise en place du Marché unique, en 1993, prélude à une intégration économique plus complète ; de même la signature du *Traité de Maastricht,* le 7 février 1992, devait renforcer l'intégration en engageant les pays sur la voie de l'union monétaire et relancer l'Europe politique et l'Europe sociale. Parallèlement, on procédait à un nouvel élargissement de l'Europe communautaire, avec la signature, en 1991, de l'accord créant l'Espace économique européen (EEE)[13] qui devait permettre de passer à l'Europe des Quinze.

Le cas de l'Amérique latine

Le panaméricanisme, en tant que projet politique de rapprochement entre les pays latins des trois Amériques, est un projet issu de l'initiative de Simon Bolívar de réunir, en 1826, à

Panama, le premier congrès panaméricain, au terme duquel fut signé un traité sur la sécurité territoriale des États[14]. Mais les rivalités externes de même que les conflits internes des jeunes républiques latines étaient décidément trop forts et la réunion de Panama demeurera sans lendemain en dépit de quelques tentatives, de la part du Mexique et du Pérou notamment, pour mettre en place un système de sécurité mutuelle et une organisation panaméricaine. Il reviendra alors au secrétaire d'État des États-Unis, James Blaine, de reprendre le projet de Bolívar et de l'incorporer aux visées politiques et stratégiques des États-Unis, en réunissant à Washington, entre octobre 1889 et avril 1890, les représentants des républiques des Amériques. Cette première véritable conférence panaméricaine mettra sur pied un Bureau commercial des républiques américaines, d'où émergera l'Union panaméricaine[15].

L'étape subséquente dans la construction panaméricaine sera franchie lors de la septième conférence de l'Union panaméricaine, tenue à Montevideo en 1933. À cette occasion, les représentants des républiques d'Amérique latine proposèrent pour la première fois de définir un cadre normatif qui aurait permis « l'attribution d'avantages commerciaux exclusifs de la part de pays limitrophes ». L'histoire retiendra surtout deux choses de cet événement : d'abord la formulation, par le secrétaire d'État Cordell Hull, des grands principes que les États-Unis devaient reprendre lorsque viendra le moment de construire l'ordre économique international d'après-guerre ; puis l'acceptation du projet américain de créer un « bloc régional américain », un bloc « ouvert » et non exclusif, qui allait devoir faire contrepoids aux blocs impérialistes et, notamment, à l'Empire britannique, projet qui ne devait pas voir le jour à ce moment-là.

La rencontre interaméricaine de Chapultepec sur les problèmes de la guerre et de la paix, tenue du 21 février au 9 mars 1945, marquera une nouvelle étape dans l'histoire du panaméricanisme. Cette conférence devait permettre aux

États-Unis de rallier les républiques de l'Amérique latine au projet des Nations Unies; elle devait également préparer le terrain d'une réforme institutionnelle en profondeur de l'Union panaméricaine, réforme qui devait ultérieurement déboucher, en 1948, sur la Conférence de Bogota[16] et le traité créant l'Organisation des États américains (OEA). C'est à cette occasion que la délégation américaine soumet aux républiques d'Amérique latine un projet de *Charte économique des Amériques* qui vise, en particulier, à renforcer davantage la collaboration économique entre les alliés des Amériques. La *Déclaration de principes* prévoit, entre autres choses, la réduction des barrières tarifaires, l'élimination du nationalisme économique, le traitement juste et équitable des entreprises et des capitaux étrangers et la promotion de l'entreprise privée.

Parallèlement, les États-Unis avaient fini par accepter, lors des discussions qui suivirent Bretton Woods, que les pays dits « moins avancés » puissent signer des accords préférentiels de libre-échange. La convention économique de l'OEA reconnaîtra également cette possibilité. Dans le même ordre d'idées, les États-Unis ne manifestèrent pas d'opposition au Conseil économique et social des Nations Unies face à la proposition du Chili de créer une Commission économique pour l'Amérique latine, qui verra le jour en 1948, soit peu de temps après qu'auront été créées deux commissions chargées de la reconstruction des territoires dévastés par la guerre, l'une pour l'Europe et l'autre pour l'Asie[17].

Il reviendra plus tard aux pays d'Amérique latine d'ouvrir une première brèche dans le système multilatéral du GATT, à la suite de la publication du *Rapport Haberler,* en 1958. Ce rapport a fait prendre conscience aux pays industrialisés du recul des pays en développement dans l'économie mondiale et de la détérioration des termes de l'échange, imputables en grande partie aux fluctuations des prix des matières premières, qui représentaient la plus grande part de leurs exportations. Depuis leurs débuts en 1948, les travaux de la CEPAL avaient souligné la nécessité pour les pays d'Amérique latine de se regrouper et de développer entre eux les liens de complémentarité économique indispensables à l'implantation d'une stratégie d'industrialisation par substitution aux importations. Cette stratégie, par passages successifs à des formes toujours plus avancées d'industrialisation, aurait dû modifier en leur faveur la composition des exportations et, par le fait même, les termes de l'échange.

De semblables regroupements auraient également, aux yeux de la CEPAL, l'objectif d'accroître le poids politique de la région dans les négociations commerciales internationales.

La création de la CEE devait jouer un rôle de catalyseur et servir en même temps de source d'inspiration, comme l'illustre la signature en 1960, à Montevideo, du traité créant l'Association latino-américaine de libre-échange (ALALE), un projet intégratif, fortement inspiré par l'esprit et la lettre du *Traité de Rome*.

Une fois l'ALALE mise en place, les pays latino-américains et caraïbéens s'engageront petit à petit dans la voie de l'intégration en signant entre eux de nombreux accords. Les plus importants seront, au niveau sous-régional, ceux qui viseront à mettre en place des espaces de complémentarité économique, comme le Marché commun centre-américain (MERCOMUN), issu du traité signé à Managua en 1960, le *Pacte andin*, signé à Carthagène en 1969, et le traité créant l'Association de libre-échange des Caraïbes (CARIFTA) en 1968.

Depuis le deuxième *Rapport sur la situation économique de l'Amérique latine*[18], publié en 1951 jusqu'au *Traité de Montevideo* du 18 février 1960, la CEPAL, sous la direction de Raul Prebisch, ne cessera de faire valoir avec force l'idée d'une intégration latino-américaine qui devait répondre à deux grands objectifs : 1. donner une meilleure assise économique aux stratégies nationales de substitution aux importations grâce à l'établissement d'un grand marché régional et de liens de complémentarité économiques entre les pays concernés ; 2. permettre aux pays concernés d'être en meilleure position de négociation sur la scène internationale afin de faire avancer l'idée d'une troisième voie dans un monde alors profondément divisé par la *guerre froide*.

L'ALALE eut, dans un premier temps, des effets positifs sur le développement et la croissance du commerce intrarégional, mais les résultats d'ensemble ont par la suite été très mitigés. Le commerce intrarégional a très rapidement plafonné, voire même chuté en termes relatifs, en 1978 et 1979 et, plus significativement, en dépit des engagements pris en ce sens, il n'y eut aucune convergence entre les politiques économiques nationales. Enfin, comme n'a pas manqué de le souligner l'école dite « de la dépendance » ou *dependentista*, l'intégration n'a jamais réussi à réduire les inégalités socioéconomiques internes, l'un des travers des systèmes sociopolitiques oligarchiques de l'Amérique latine.

Plusieurs assouplissements et modifications seront apportés au traité, notamment lors de la rencontre de Caracas en 1969. Cela ne sera toutefois pas suffisant, et les engagements pris à cette occasion ne seront pas tenus, à tel point que le *Plan d'action*, qui avait été adopté pour la décennie 1970, restera lettre morte. Pour sortir de l'impasse, sinon de l'échec vers lequel s'en allait tout droit l'ALALE, les pays membres optèrent pour une refonte complète de l'institution et signèrent un nouveau traité créant l'Association latino-américaine d'intégration (ALADI), le 12 août 1980, à Montevideo[19].

Comme le précédent, ce traité poursuit l'objectif de former un marché commun, mais il ne fixe ni délais précis ni procédures. Les ambitions à court terme sont également plus modestes : il s'agit de créer une zone de préférences tarifaires assortie de dispositions pour l'établissement d'ententes sectorielles, bilatérales et sous-régionales. Ces dispositions marquaient un changement d'approche : il s'agissait de la sorte de favoriser le rapprochement des pays sur une base bilatérale ou sous-régionale, avec l'objectif, si les pays le souhaitaient, d'élargir les ententes ainsi signées à l'ensemble de la région. C'est en quelque sorte l'idée d'intégration fragmentée et graduelle qui s'impose, de sorte que, loin de favoriser l'intégration régionale, cette stratégie contribuera à créer un réseau confus de préférences commerciales.

Le contexte difficile des années 1980, avec sa kyrielle de régimes militaires, la crise de la dette et le recul de l'activité économique, n'aura guère contribué à la réalisation des objectifs visés, comme en témoigne de manière éloquente le recul des exportations intrarégionales passées de 15 % à 10,5 % entre 1980 et 1990. Du point de vue de l'objectif initial visé, qui était de faire de l'Amérique latine un espace économique intégré à l'intérieur d'un grand projet de marché commun, à l'image de l'Europe communautaire, il faut bien établir un constat d'échec.

Le MERCOSUR/L

Si les précédents historiques ont un poids, le premier défi auquel aura été confronté le *Traité d'Asunción* du 26 mars 1991 est celui de sa crédibilité. En effet, entre l'ALALE de 1960 et l'ALADI de 1980, les pays d'Amérique latine ont négocié plusieurs accords d'intégration économique ambitieux qui sont demeurés sans grand résultat. Cependant, cette fois-ci, la source d'inspiration du nouvel accord est quelque peu différente de celle qui avait en cours jusque-là. Dans un premier temps, il ne fait pas de doute que c'est le *Traité de Rome* qui avait exercé l'influence la plus déterminante sur l'esprit et la lettre du premier *Traité de Montevideo*. Cette influence se retrouve encore dans le traité de 1980, comme en témoigne la formule utilisée pour établir la finalité de l'intégration dans le préambule du traité : « l'intégration économique régionale [devrait] accélérer le développement économique et social, de manière à assurer un meilleur niveau de vie des peuples », une formulation qui intègre le contenu de deux paragraphes du

préambule du *Traité de Rome* de 1957. Plus significativement,
afin de favoriser l'émergence d'un nouveau modèle de croissance, le second traité prévoit un traitement spécial pour les
pays membres dont le développement économique relatif
serait moindre que celui de la moyenne de tous les membres.
En revanche, le préambule du *Traité d'Asunción* formule
tout autrement le défi à relever en prévoyant que « l'intégration représente une condition fondamentale pour accélérer
[les] processus de développement économique avec justice
sociale ». Cette formulation sous-entend que l'ouverture des
marchés produit un résultat bénéfique au point de vue économique et une meilleure distribution sociale de la richesse, un
enchaînement qui appartient en propre à un esprit commercial tout à fait différent, inspiré surtout des convictions de non-
interventionnisme propres à l'idéologie néolibérale. Contrairement aux initiatives antérieures, le MERCOSUR est le
résultat d'un héritage multiple, à tel point qu'un auteur a pu
dire qu'on avait affaire à un « hybride conceptuel[20] », parce
qu'on y trouvait la double influence de la CEE et du GATT.
Avec ses quelque 24 articles, le traité ne peut se comparer
au *Traité de Rome*. D'ailleurs, s'il poursuit des objectifs simi-
laires, il ne prévoit pas la mise sur pied d'une procédure de
type communautaire, pas plus qu'il ne prévoit la création
d'organes supranationaux. Il n'envisage pas non plus la création de normes de portée générale comme la Politique agricole
commune (PAC) de la CEE. En fait, le texte du traité se compare plutôt à la *Convention du Benelux*, signée à Londres
le 5 septembre 1944 et complétée par le *Protocole de La Haye*
du 14 mars 1947, convention qui instituait une union doua-
nière entre la Belgique, le Luxembourg et les Pays-Bas. D'ailleurs, pour ajouter encore à cette ressemblance, le *Traité
d'Asunción* prévoit la création d'une Commission interparle-
mentaire consultative, comme c'était le cas dans la *Convention du Benelux*. Mais l'histoire immédiate du MERCOSUR
le lie moins aux initiatives antérieures déjà évoquées qu'à un

processus d'intégration enclenché entre le Brésil et l'Argentine, en juillet 1986. Il s'agit de l'*Ata para a Integraçao Argentino-Brasileira,* qui instituait le PICE ou Programme d'intégration et de coopération économique. C'est à la suite des résultats positifs de ce programme que les deux parties signent, en 1988, un *Traité d'intégration, de coopération et de développement* qui visait à bâtir un espace économique commun. Vingt-quatre protocoles spécifiques viendront compléter les objectifs du traité. Le 6 juillet 1990, le projet reçoit une nouvelle impulsion avec la signature de l'*Ata de Buenos Aires,* qui fixe au 31 décembre 1994 la date de formation d'un marché commun entre les deux pays. Devant l'intérêt manifesté par deux pays riverains, le Paraguay et l'Uruguay, le *Traité d'Asunción* est signé entre ces quatre partenaires le 26 mars 1991.

Sans être aussi minimaliste que l'institutionnalisation prévue aux termes de l'*Accord de libre-échange entre le Canada et les États-Unis* de 1989, accord qui prévoit tout au plus la mise sur pied d'une Commission mixte du commerce canado-américain (art. 1802), non plus que l'*Accord de libre-échange nord-américain* de 1994 qui, dans la même veine, prévoit la création d'une Commission du libre-échange (art. 2001), le *Traité d'Asunción* fonde deux organismes : l'un de nature essentiellement politique (art. 10), le Conseil, formé des ministres des Relations extérieures et des ministres de l'Économie des États membres (art. 11) ; l'autre, le Groupe du Marché commun, un organisme exécutif coordonné par les ministres des Relations extérieures (art. 13). L'institutionnalisation envisagée s'avère passablement complexe. En plus du Conseil et du Groupe qui agissent respectivement comme organes politique et exécutif, le traité prévoit la création d'un secrétariat administratif du MERCOSUL, l'incorporation de la Commission de commerce et celle de la Commission parlementaire conjointe, ainsi que la création d'un Forum consultatif économico-social, un autre emprunt au modèle européen et une incorporation importante de l'esprit du tripartisme.

Il va de soi qu'un tel foisonnement administratif apparaît pour le moins difficile à opérationnaliser et qu'il comporte un risque sérieux de dérapage dans un bureaucratisme excessif. Et comme si la structure envisagée n'était pas suffisamment complexe, le Groupe *ad hoc* a proposé un système hétérogène de prise de décisions avec le maintien de la règle du consensus mais aussi la possibilité d'envisager un système de votation distinct, qui varierait selon la « nature et/ou la hiérarchie de la norme ou de la décision à prendre ».

Les parties contractantes fixeront la structure institutionnelle du MERCOSUR dans le *Protocole d'Ouro Preto,* signé le 17 décembre 1994. Sont ainsi prévus, en plus du Conseil et du Groupe déjà créés, quatre organismes : une Commission de commerce du MERCOSUL (CCM), une Commission parlementaire conjointe (CPC), un Forum consultatif économico-social (FCES) et un Secrétariat administratif du MERCOSUL (SAM). Cependant, comme dans le *Traité d'Asunción,* la composition du conseil et du groupe se recoupe presque complètement : ils sont tous deux composés des ministres des Relations extérieures et des ministres de l'Économie, dans le premier cas, et obligatoirement de représentants des ministères des Relations extérieures, des ministères de l'Économie (« ou équivalents », est-il précisé) ainsi que des Banques centrales, dans le second cas (arts. 4 et 11). La seule différence réside donc dans la présence des Banques centrales au niveau de l'exécutif, alors qu'elles sont absentes au niveau supérieur. Au demeurant, certaines fonctions et attributions du Conseil et du groupe se recoupent, comme certaines attributions de la nouvelle Commission de commerce du MERCOSUL. Si le Conseil « formule les politiques et exerce les actions nécessaires à la formation d'un marché commun » (art. 8 par. III), et si le Groupe « propose des projets de décisions au Conseil » (art. 14 par. II), la Commission, quant à elle, « accompagne l'application des instruments de politique commerciale commune en vue de la mise en place d'une union douanière et formule des

propositions à cet effet au groupe du marché commun»
(art. 19 par. IV). D'ailleurs, le travail des membres de cette
commission est également coordonné par les ministères des
Relations extérieures (art. 17). Alors qu'au point de départ
nous semblions avoir affaire à un accord commercial qui s'était
distancé du modèle européen pour se rapprocher plutôt du
régime ayant cours dans le GATT, nous assistons maintenant à
un retour en force de l'influence européenne, une influence
considérablement réadaptée, il faut l'ajouter.

Le parallélisme entre les institutions créées dans les deux
cas est frappant : le Parlement, le Conseil, la Commission, la
Cour et un Comité économique et social consultatif d'une
part ; un Conseil, un Groupe, une Commission de commerce,
une Commission parlementaire, un Forum économique et
social consultatif et un Secrétariat, de l'autre.

Conclusion

Malgré la portée prétendument universelle du cadre de
l'ONU et des organisations économiques internationales, la
réalité fut marquée par l'exclusion des pays en développement
des principales instances de décision et par la mise à l'écart de
l'URSS et des pays socialistes sous sa tutelle[21].

On peut illustrer la distance parcourue d'un terme à
l'autre, depuis l'universalisme théorique jusqu'à la pratique de
la sélection ou de l'autosélection, en dénombrant les déléga-
tions présentes aux grandes rencontres internationales : elles
sont 44 à Bretton Woods (FMI et BIRD) et 41 à Philadelphie
(OIT) en 1944, 23 à Genève (GATT) en 1947, et 54 à La
Havane (OIC) en 1948. L'idée d'universalisme et celle de complémentarité entre des missions financière, syndicale et commerciale semblant de moins en moins réalisables, l'ordre universel envisagé au départ a rassemblé un nombre de plus en
plus réduit de partenaires. L'échec de La Havane apparaît alors

très révélateur puisque c'est l'unique fois où l'on a réuni un nombre de participants supérieur aux 51 qu'on avait atteints à San Francisco en 1945. Ce dénombrement ne nous dit cependant pas tout. Il est encore plus révélateur que, parmi les 23 présents à Genève, en 1947, on retrouve quatre nouvelles ou anciennes grandes puissances (États-Unis, Royaume-Uni, France et Chine), huit pays membres du Commonwealth (Australie, Canada, Ceylan, Inde, Nouvelle-Zélande, Pakistan, Rhodésie du Sud et Afrique du Sud), trois d'Amérique latine (Brésil, Chili et Cuba), cinq autres d'Europe (Belgique, Luxembourg, Pays-Bas, Norvège et Tchécoslovaquie), et trois pour le reste du monde (Birmanie, Liban et Syrie). C'est dire que la dimension commerciale de la construction de ce vaste projet censément « universel » d'après-guerre incombe essentiellement à des pays qui ont déjà entre eux de très fortes affinités aussi bien commerciales que non commerciales.

Bien sûr, l'affrontement entre l'Est et l'Ouest explique en grande partie l'émergence de ces nouveaux régionalismes. Cela dit, il est intéressant de souligner, comme nous venons de le voir en traitant de l'Europe communautaire et de l'Amérique latine, que c'est probablement à l'intérieur de certains accords économiques d'intégration régionale que l'esprit fondateur de l'ordre d'après-guerre a le mieux tenu, alors qu'à l'échelle internationale, son opérationnalisation a échoué. Sans sous-estimer les nombreuses différences existant d'un contexte à l'autre, entre l'Europe de l'Ouest et l'Amérique latine, il convient de retenir que ces accords d'intégration avaient en commun une vision constructiviste de l'intégration. Cette vision, confortée par le recours à des politiques économiques inspirées de Keynes sur le plan national, a trouvé son prolongement, du moins dans le cas de l'Europe communautaire, dans la mise en place d'États-providence.

Ces projets intégratifs seront-ils tous emportés par la tourmente de la globalisation? En d'autres termes, l'expansion inexorable des marchés à l'échelle mondiale révélera-t-elle l'impossibilité de mener en parallèle une intégration limitée et contrôlée à l'échelle régionale et une libéralisation totale des échanges dans l'espace international ? C'est ce qu'on tente de saisir en invoquant l'idée avancée par Robert Gilpin[22] qu'on ne pouvait pas en même temps souscrire aux thèses de Keynes à l'intérieur du pays ou de la région, et à celles d'Adam Smith à l'extérieur : l'État ne pouvant pas à la fois *contrôler* l'économie et la *libéraliser,* le premier modèle d'intégration devait immanquablement, à un moment ou à un autre, entrer en contradiction avec la logique de l'intégration des marchés à l'échelle mondiale.

Dans le contexte des années 1980, le régionalisme économique de première génération, c'est-à-dire le régionalisme qui prenait son inspiration dans une transposition des paramètres fondateurs de l'ordre issu de la Seconde Guerre, était devenu obsolète. Il fallait désormais pousser les pays vers les marchés internationaux[23]. Le modèle de croissance par la promotion des exportations s'est alors substitué au modèle antérieur de croissance par la substitution des importations. À son tour, cette permutation devait provoquer la remise en cause des accords d'intégration régionale qui avaient sanctionné cette stratégie. En conséquence, dans plusieurs cas, les pays qui allaient se tourner vers les marchés internationaux connaîtraient une baisse importante de leur commerce intrarégional.

La crise de la dette du début des années 1980 avait déjà eu des effets désastreux sur l'ensemble des économies d'Amérique latine ; c'est elle qui contribuera à faire de ces années « une décennie perdue pour le développement ». Les différents pays se verront contraints d'adopter, sous la pression du FMI et de la Banque mondiale, de sévères mesures d'ajustement structurel qui s'ajouteront aux mesures macroéconomiques de stabilisation déjà existantes. Ils ne pourront éviter de mobiliser l'ensemble de leurs ressources productives afin de trouver, sur les marchés d'exportation, les devises indispensables au remboursement de leurs engagements financiers et au paiement du service de la dette.

L'un dans l'autre, ces réalignements de politique économique auront de profondes conséquences sur la conjoncture des pays concernés, comme en témoignent le recul généralisé de l'économie, l'instabilité politique et les brutales explosions sociales qui ont caractérisé cette période. On verra alors les pays, les uns après les autres, le Chili et l'Argentine ayant ouvert la voie, se lancer dans de vastes programmes de réformes économiques, tant sur le plan macroéconomique que sur le plan structurel, non sans faire d'ailleurs du modèle néolibéral la panacée pour résoudre une crise dans laquelle ils s'enfonçaient toujours davantage.

Dans un contexte où il s'agissait pour chaque pays, de manière d'ailleurs tout à fait désordonnée, de s'insérer de manière compétitive dans l'économie mondiale, le régionalisme économique sera de plus en plus perçu comme une source de blocage et de frustration. Reste encore, sans doute, le MERCOSUR, mais celui-ci risque également d'être emporté dans la tourmente créée par l'irruption d'une nouvelle crise économique en Argentine. Dans un tel contexte, on voit alors toute l'attirance que pourrait exercer le projet de création d'une Zone de libre-échange des Amériques, projet mené à l'instigation des États-Unis.

Dans le cas de l'Union européenne, les choses ne peuvent pas aller aussi loin qu'en Amérique latine, pour des raisons qui tiennent à la nature du projet européen, mais l'édifice communautaire n'est pas à l'abri des turbulences pour autant. Au fur et à mesure que l'on prend conscience des effets de la globalisation des marchés, c'est l'étatisme providentialiste qui est mis à mal, pas nécessairement l'interventionnisme, de sorte que la mission et la fonction des institutions communautaires risquent d'être revues et corrigées pour être adaptées à ces nouvelles exigences. Il faudrait alors revenir sur les principes fondateurs du modèle européen et se pencher sur leur opérationnalisation, si l'on ne veut pas cautionner, là-bas aussi, une dérive qui ressemblerait étrangement à celle qu'a connue l'ordre mondial dans l'après-guerre.

CHAPITRE 4

De la mondialisation au régionalisme : le Canada au temps de la *guerre froide*

L'économie canadienne est la plus extravertie des économies des pays riches et le Canada est la plus intégrée des grandes puissances. Les niveaux d'intégration entre le Canada et les États-Unis sont uniques au monde et, compte tenu de l'asymétrie entre les partenaires, cette intégration a conduit à une continentalisation de l'économie canadienne à nulle autre comparable.

Mais ces niveaux d'intégration ne sont pas le fruit du hasard ni le fruit de la nécessité, comme nous allons le voir. À deux reprises, au cours de l'histoire du XXe siècle, le gouvernement central a confié la tâche de définir ces paramètres du développement socioéconomique à des commissions d'enquête dont les recommandations ont eu, dans les deux cas, des retombées importantes sur la gouverne économique et politique au pays. Je vais rappeler rapidement les rôles et fonctions de cette institution et montrer ensuite en quoi et comment les rapports de ces deux commissions d'enquête peuvent aider à faire la lumière sur les tenants et aboutissants de l'économie politique de la continentalisation telle que sanctionnée par les autorités canadiennes. Le recours à cette documentation reprend l'idée de départ concernant l'importance de mettre en évidence la pensée constituante, cette fois-ci dans son application au contexte canadien.

L'institution de la commission d'enquête nous vient du droit britannique. La commission d'enquête est une entité créée de toutes pièces par un gouvernement fédéral ou provincial qui lui donne le mandat de faire enquête, d'étudier un problème ou une question précise et de lui faire des recommandations aux fins de résoudre le problème ou de traiter la question. L'effet utile d'une commission se mesure aux suites qui sont données à ses recommandations par le gouvernement, que ce soit, le plus souvent, en termes de législation, ou en termes de décision de l'exécutif, de mise en place de programmes, d'entités administratives, etc. Depuis la création du Canada, en 1867, les gouvernements de tous ordres ont mis sur pied des centaines de commissions d'enquête sur les sujets les plus divers, de l'enquête ponctuelle sur les causes de l'effondrement d'un pont à des enquêtes plus larges sur les municipalités, l'éducation, les autochtones ou la situation des femmes.

Si le rôle de ces commissions est de faire enquête, toutes les enquêtes n'ont pas la même portée ni la même signification. Les plus importantes parmi les commissions d'enquête sont mises sur pied dans un contexte précis, quand il apparaît qu'un enjeu ayant des incidences majeures au niveau social, économique et politique, *ne* peut *plus* être traité à l'intérieur des cadres normatifs existants. Placés à l'extérieur de l'administration publique et n'ayant de comptes à rendre qu'au cabinet, les commissaires disposent de pouvoirs étendus pour remplir leur mandat. Il s'agit dans tous les cas d'asseoir la validité et la légitimité des recommandations qui seront faites sur un rapport d'enquête qui aura puisé à même trois grandes sources : le programme de recherche lancé par la commission, qui vise à établir un état des lieux scientifique sur l'ensemble des thèmes qui font l'objet de l'enquête ; les auditions conduites auprès du public, qui permettent à la fois de saisir le pouls de l'opinion et de baliser les compromis à venir ; enfin, le travail de rédaction effectué par la commission, ses chercheurs, ses professionnels ainsi que par les commissaires eux-mêmes. Ajoutons à tout cela qu'une bonne part de la légitimité de la commission elle-même et, par conséquent de son rapport final, repose sur la provenance de ses membres et qu'un des soucis du mandant est d'y nommer des commissaires issus de divers horizons sociaux, politiques ou économiques. Ce pluralisme politique peut même conduire certains commissaires dissidents à produire un ou des rapports minoritaires, comme ce fut le cas lors du dépôt du rapport de la Commission Macdonald dont il sera question plus bas.

La commission se trouve ainsi placée en retrait — sur les plans institutionnel et normatif en tout cas — par rapport à la question traitée, et située également à la confluence de la science et de l'opinion publique. Dans la meilleure des hypothèses, elle disposerait de tous les atouts pour fonder la cohérence et la légitimité à la fois scientifique et publique des recommandations issues de son rapport final, ce qui, dès lors, devrait permettre au gouvernement de préparer et de proposer un cadre normatif adapté aux nouvelles circonstances. Bien sûr, la réussite de l'opération n'est pas garantie. Il peut arriver que le recours à la commission d'enquête soit utilisé à des fins parfaitement tactiques par les pouvoirs en place et qu'il n'y ait de leur part aucune intention de passer à la mise en œuvre de quelque recommandation que ce soit. Il peut aussi arriver que, malgré l'intention sincère de donner suite, la teneur des recommandations faites par une commission soit à ce point incompatible avec les positions gouvernementales que le cabinet ne soit pas en mesure de les suivre.

Cela posé, et en relation directe avec l'objectif annoncé

plus haut, de toutes les commissions d'enquête mises sur pied au cours du précédent siècle, deux ont joué un rôle particulier, en lien direct avec les préoccupations qui nous touchent en ces pages. Il s'agit de la Commission royale d'enquête sur les relations entre le dominion et les provinces, ou Commission Rowell-Sirois, qui a déposé son rapport en mai 1940, et de la Commission royale sur l'union économique et les perspectives de développement du Canada, ou Commission Macdonald, dont le rapport a été déposé en août 1985.

En rétrospective, on peut prendre la mesure de l'importance des deux rapports issus de ces commissions en allant regarder du côté des suites données à leurs principales recommandations, comme nous le verrons bientôt. Mais il y a plus. Pour le saisir, il faut revenir sur le contexte dans lequel l'une et l'autre ont été constituées. La Commission Rowell-Sirois est mise sur pied dans le contexte de la crise des années 1930, tandis que la Commission Macdonald est mise sur pied dans la foulée de l'épisode référendaire de mai 1980 et du rapatriement de la Constitution, en 1982. Dans les deux cas, et ceci apparaît très clairement dans les textes des deux décrets qui nomment ces commissions, le gouvernement central invoque en termes à peine voilés que, faute d'une révision en profondeur des paramètres fondateurs de la fédération canadienne, sa survie pourrait être remise en question.

Si je transpose cet enjeu dans des termes qui ont déjà été mis à contribution dans ces pages, on pourrait dire que ces deux commissions d'enquête ont été mises sur pied essentiellement parce que les paramètres théoriques et politiques à l'intérieur desquels opérait le pouvoir constitué jusque-là s'avéraient inadaptés dans les circonstances. Dans les deux cas, le pouvoir constitué confie à ces commissions d'enquête un mandat à trois volets qui implique de jeter un regard critique sur les paramètres existants, de proposer un nouveau cadre de référence et de faire les recommandations appropriées.

Je veux donc me servir successivement des rapports des

deux commissions afin de mettre au jour certains des éléments de cette pensée constituante susceptibles de jeter un éclairage sur les tenants et aboutissants de l'économie politique sanctionnée au Canada durant chacune de ces phases.

Le keynésianisme en contexte canadien

Les circonstances entourant la création par le gouvernement fédéral d'une Commission royale d'enquête sur les relations entre le Dominion et les provinces, le 14 avril 1937, sont exposées par le premier ministre W. L. Mackenzie King dans son discours inaugural, à l'occasion de l'ouverture de la Conférence du dominion et des provinces, le 14 janvier 1941 :

> L'une des principales raisons qui motivaient [*sic*] la création de la Commission en 1937 fut que les fonctions des gouvernements fédéral et provinciaux occasionnaient de telles dépenses qu'il fallait en arriver, non seulement à une organisation plus effective [*sic*] de l'administration de tous les gouvernements, mais également à une division plus rationnelle entre les gouvernements de leurs pouvoirs et de leurs fonctions. On pensait alors que, à moins de prendre les décisions nécessaires, la distribution [*sic*] des pouvoirs et des responsabilités des gouvernements, prévue à l'époque de la Confédération, ne répondait plus de façon satisfaisante aux changements économiques et sociaux, ainsi qu'aux déplacements [*sic*] dans la puissance [*sic*] économique, alors en voie d'exécution [*sic*], sans soumettre la structure gouvernementale du Canada à une tension et un effort toujours plus grand[1].

Devant l'état de crise qui règne en ces années et après avoir montré en quoi et comment cet état est aggravé par le déséquilibre fiscal entre le fédéral et les provinces, de même que par le cadre trop contraignant de partage des pouvoirs inscrit dans l'Acte de l'Amérique du Nord britannique (AANB) de 1867, les commissaires proposent de mettre sur pied un plan de développement en quatre points. Le premier propose le transfert au *dominion* de la dette nette des provinces ; le deuxième accorde au fédéral le pouvoir exclusif de percevoir les droits de succession ainsi que l'impôt sur le revenu des particuliers et des sociétés ; le troisième accorde aux provinces des subventions « d'après la norme nationale, calculées de façon à permettre aux provinces de maintenir une norme canadienne des services essentiels moyennant un niveau moyen d'impôt[2] » ; enfin, le quatrième propose le transfert de la responsabilité en matière d'emploi des provinces au gouvernement fédéral.

Ces mesures étaient à ce point inspirées des idées de Keynes qu'un historien canadien a pu écrire qu'Ottawa a été la première capitale au monde à souscrire aux thèses de l'auteur de *La Théorie générale*, ce que confirme avec éloquence le quatrième point, relatif au transfert de la juridiction sur la main-d'œuvre au pouvoir central[3]. En effet, dans sa *Théorie générale de l'emploi, de l'intérêt et de la monnaie*, publiée en 1936, le grand économiste avait soutenu et démontré que le niveau d'emploi n'était pas une variable dépendante et, comme telle, soumise aux aléas des niveaux de production et de consommation, comme l'avaient défendu les économistes avant lui. Il affirmait au contraire que le niveau d'emploi était bel et bien une variable indépendante, de sorte que c'était la poursuite du plein emploi de la part des autorités politiques qui permettait d'atteindre les plus hauts niveaux de production et une répartition optimale des revenus entre les facteurs de production.

Le *Rapport de la Commission Rowell-Sirois* critiquait les fondements du partage des pouvoirs prévu à l'AANB. Ce partage faisait deux choses : 1. il accordait aux provinces l'impôt direct, une ponction de nature essentiellement régressive et donc plus lourde à porter pour les moins riches, tandis que le fédéral disposait de l'impôt indirect qui est progressif ; et 2. il accordait également aux provinces la juridiction en matière de dépenses sociales. Ces deux contraintes contribuaient à placer les gouvernements provinciaux dans une situation budgétaire de plus en plus intenable au fur et à mesure que la crise économique s'approfondissait. En clair, cela voulait dire que, pour faire face aux dépenses occasionnées par la crise, les provinces disposaient de ressources fiscales qui pénalisaient ceux qui étaient le plus dans le besoin. C'est pourquoi le *Rapport* propose une révision en profondeur des paramètres de l'économie politique au Canada.

Pour faire bonne mesure, les commissaires recommandent de transférer au fédéral de grands pans de la juridiction sur l'emploi, laquelle relevait jusque-là des prérogatives exclusives des législatures provinciales, aux termes du paragraphe 13 de l'article 92 sur la propriété et les droits civils. Dans ces conditions, la dépendance vis-à-vis de Keynes est double. Il ne s'agit pas uniquement de mettre en lumière l'influence du keynésianisme sur le cadre de référence proposé par les commissaires, mais également de souligner que le keynésianisme sera bel et bien *constitutionnalisé* dans le contexte canadien. Autrement dit, le keynésianisme sera promu au statut de pensée constituante au moment de l'adoption de l'amendement qui opérera le transfert de la juridiction sur l'emploi d'un palier de gouvernement à l'autre, transfert qui sera accordé par les provinces lors d'une conférence fédérale-provinciale tenue les 14 et 15 janvier 1940.

Mais le rapport ne faisait pas que sanctionner implicitement le recours au keynésianisme. Il proposait également de transférer au gouvernement central la juridiction sur l'État-providence qui relevait jusque-là des provinces, comme le dénonce avec vigueur le premier ministre de l'Ontario, Mitchell F. Hepburn, l'un des plus farouches opposants aux demandes du gouvernement fédéral à la Conférence du Dominion et des provinces[4]. À ses yeux, il n'est pas nécessaire de modifier la Constitution en pleine guerre : il suffirait, pour faire face à la situation d'urgence, que le gouvernement fédéral, fort de l'adoption récente de la *Loi des mesures de guerre*, se serve de ses pouvoirs exceptionnels pour soutenir l'effort de guerre au pays. L'avantage de cette approche est qu'elle sous-entend que les choses reviendraient au *statu quo ante* à la fin des hostilités et que, s'il y avait lieu alors de tenir une rencontre constitutionnelle, celle-ci pourrait être convoquée dans un climat plus serein.

Au demeurant, les conditions qui existent durant la guerre risquent de produire un effet pervers inattendu, « car si le Dominion se charge des chômeurs aptes au travail et laisse les inaptes aux provinces, il n'assume que la plus petite part du fardeau[5] ». Dans ces conditions, qu'adviendra-t-il après le conflit, alors que l'on pourrait s'attendre à une recrudescence du chômage et à un accroissement parallèle de la demande en matière de services sociaux ?

La question est posée, mais aucune réponse n'est fournie. On convient plutôt, pour la durée des hostilités, de s'entendre sur un compromis en vertu duquel le pouvoir fédéral souscrit à un régime d'économie mixte en faisant sienne une économie politique inspirée de Keynes, et laisse aux provinces leur pleine charge et responsabilités à titre d'États-providence. Mais que signifiait cette réorientation de la part des autorités fédérales ?

Le recours à l'économie mixte reflète dans ce cas-ci un changement d'orientation radical de la part du pouvoir fédéral, qui cherche alors à compenser la trop grande dépendance de l'économie canadienne vis-à-vis du commerce international dans la recherche d'une plus grande autosuffisance. Mais il ne faut surtout pas ici se laisser abuser par les mots, car cette approche en apparence nationaliste doit être immédiatement liée au contexte continental. On observe en effet, en mettant à contribution le vocabulaire des rédacteurs du *Rapport Rowell-Sirois*, le passage d'une économie politique transcontinentale à une économie politique continentale. Un réalignement de cette ampleur ne manquera pas d'avoir des conséquences

désastreuses sur les provinces, mais aussi et surtout sur certaines villes et régions qui, à l'instar de Montréal, de la Mauri-
cie ou du Saguenay, vivaient et croissaient essentiellement à
l'ombre de l'approche transcontinentale.

Économie mixte et continentalisation

Ainsi, contrairement à ce qui se passe dans des contextes
où la sanction du keynésianisme renvoie à l'adoption d'une
économie politique nationaliste au sens plein du terme, le
recours à une telle stratégie de contrôle de l'économie, dans le
contexte canadien, exige que l'on tienne compte du cadre géographique. On doit par conséquent assumer le fait que l'économie mixte marque le passage à une nouvelle forme de continentalisation de l'économie qui s'est développée à la faveur de
la Seconde Guerre. Pour dire les choses succinctement, nous
assisterons dans l'après-guerre à la consolidation de deux
grandes tendances de fond. La première consiste dans le relâchement des liens commerciaux et financiers d'avec la mère
patrie et le raffermissement concomitant des échanges avec le
puissant voisin[6] ; la seconde nous est donnée dans le déplacement de l'axe d'industrialisation à l'intérieur d'un espace géographique commun au Canada et aux États-Unis, depuis la
côte Est jusqu'au pourtour des Grands Lacs.

Ce double mouvement se déploie déjà avant et pendant la
Seconde Guerre, mais il sera raffermi et consolidé, pour des
raisons à la fois stratégiques et tactiques, pendant la guerre de
Corée, entre 1950 et 1953, puis maintenu durant toutes les
années de *guerre froide*.

Pour comprendre les fondements et la logique de la continentalisation qui sera instaurée, il faut soulever un enjeu central, déterminant et incontournable, un enjeu qui n'a pas
grand-chose à voir, cela mérite d'être souligné au passage, avec
le libre-échange au sens classique du terme, mais qui a plutôt à

voir avec les besoins d'une croissance économique sécuritaire aux États-Unis mêmes.

L'idée de croissance économique sécuritaire renvoie à une exigence déterminante, à savoir l'approvisionnement de la machine industrielle *états-unienne* en richesses naturelles. La première estimation importante des besoins en richesses naturelles et de leur disponibilité pour l'industrie des États-Unis dans l'après-guerre est effectuée par Frederick Dewhurst, à l'initiative du Twentieth Century Fund, dès 1947[7]. L'année suivante, l'American Petroleum Institute publie un rapport intitulé : « Major Sources of Energy[8] ». Mais c'est véritablement la mise sur pied, le 22 janvier 1951, au plus fort de la guerre de Corée, à l'instigation du président Truman, de la Materials Policy Commission, placée sous la présidence de William S. Paley, qui marque le point de départ dans la définition d'une stratégie d'approvisionnement en bonne et due forme à l'échelle des États-Unis.

Au terme d'une vaste analyse consacrée à l'identification et au repérage des produits de base indispensables à la poursuite de la croissance industrielle, la Commission Paley définira les grandes lignes d'une nouvelle politique d'approvisionnement et établira les principales recommandations concernant des questions d'infrastructure susceptibles de faciliter l'acheminement de ces richesses vers le marché des États-Unis[9]. Un des éléments-clés de cette politique d'approvisionnement est la sanction du principe selon lequel il convient de chercher à exploiter d'abord et avant tout les richesses naturelles des voisins ou des partenaires avant d'épuiser les siennes propres. Ce principe détruit les deux postulats de base de toute politique libre-échangiste : la dotation en ressources et le théorème des coûts comparés. Cette réflexion me conduit à développer deux idées.

En premier lieu, les exigences propres à la sanction d'une politique d'approvisionnement sécuritaire ont des incidences majeures sur le mécanisme de fixation des prix des matières premières dans la mesure où l'accès prioritaire aux richesses des partenaires implique que les coûts d'exploitation doivent être inférieurs là-bas à ce qu'ils le sont sur le marché interne. Cela implique également que l'addition des coûts d'accès et d'acheminement vers le marché des États-Unis de ces matières ne devrait pas réduire l'avantage comparé de cette stratégie d'approvisionnement à l'extérieur par rapport aux coûts d'un approvisionnement sur le marché interne.

Cette contrainte induit une transformation majeure dans le mécanisme de fixation des prix des matières premières qui n'est plus déterminé par la *loi* de l'offre et de la demande sur un prétendu marché mondial, mais qui devient plutôt une variable dépendante de la politique d'accès sécuritaire de la puissance dominante dans un système général d'approvisionnement. On prendra toute la mesure de l'importance de cette *logique* pour la continentalisation de l'économie canadienne quand on aura rappelé que le *Rapport Paley*, après avoir répertorié une liste de 22 produits-clés indispensables à la croissance de l'économie des États-Unis, désigne le Canada comme une source d'approvisionnement majeure, sinon significative, pour 19 d'entre eux[10].

Au demeurant, il est important de noter qu'une politique d'accès et d'exploitation sécuritaires se double généralement d'une politique d'approvisionnement sécuritaire, ce qui veut dire que le partenaire en demande de sécurité voudra également imposer un mode d'acheminement sécuritaire des ressources vers son propre marché.

Dans le cas du *Rapport Paley*, ce lien est on ne peut plus clair. Il ressort avec netteté quand les commissaires, face à l'épuisement des gisements de minerai de fer à haute teneur des monts Mesabi *(« Mesabi range »)*, dans le Minnesota, recommandent d'avoir recours aux gisements d'Amérique latine et à l'ouverture des mines de fer et de titane du Nou-veau-Québec, plutôt que d'envisager l'exploitation d'autres gisements aux États-Unis mêmes. De plus, afin d'assurer un acheminement sécuritaire des ressources exploitées dans la

portion nord du continent vers les Grands Lacs, ils proposent
la mise en chantier de cet ouvrage d'infrastructure majeur que
sera la voie maritime du Saint-Laurent[11]. Cette recommandation était fondée sur la crainte de voir le conflit en Corée dégé-
nérer en une troisième guerre mondiale ; et elle prenait acte du
fait que, si cela devait arriver, il fallait à tout prix s'assurer d'un
approvisionnement infracontinental sécuritaire, de préférence
à un acheminement par la haute mer qui aurait été la cible de
sous-marins ennemis[12].

En deuxième lieu, l'exigence de sécurité économique bou-
leverse le mécanisme d'allocation optimale des ressources et
fausse les modalités d'une spécialisation fondée sur la théorie
des coûts comparés. En effet, ni l'un ni l'autre ne sont plus
basés sur la dotation en richesses naturelles, les coûts de main-
d'œuvre, voire la disponibilité du capital : ils sont dictés par les
exigences de croissance d'une puissance industrielle dominante, exigences rendues d'autant plus incontournables
qu'elles reposeront sur le consentement des gestionnaires politiques et économiques de l'économie satellite.

Dans ces conditions, la continentalisation de l'ensemble
économique Canada–États-Unis, tout au long de la *guerre
froide,* ne répond pas seulement à la dynamique interne du
déplacement de l'axe d'industrialisation coïncidant avec la
poussée démographique et avec l'expansion de l'économie vers
l'ouest : elle répond aussi à des exigences de sécurité économique. En d'autres termes, ce n'est pas l'économie à elle seule,
mais bien la sécurité économique qui consolide l'implantation
d'une part significative du complexe militaro-industriel dans le
pourtour des Grands Lacs. En agissant de la sorte, on s'inspirait
de certaines théories défendues par la géographie économique
d'une autre époque, qui avait développé la notion de « *heartland* » pour désigner le cœur industriel d'un pays ou d'un
ensemble de pays liés par des liens économiques, politiques et
idéologiques serrés. Le « *heartland* » canado-américain avait
son équivalent de l'autre côté de la planète dans un « *heart-

land » soviétique. L'idée était la même de part et d'autre : il s'agissait essentiellement de placer les grandes zones industrielles le plus loin possible d'éventuelles attaques ennemies[13]. Mais, en attendant, un tel déplacement de l'axe d'industrialisation vers le centre du continent nord-américain aura des incidences économiques et sociales majeures sur les provinces et les États touchés. Au Canada, c'est la province de Québec qui sera la plus affectée, essentiellement parce que l'ouverture de la voie maritime du Saint-Laurent en 1959 aura deux incidences majeures et reliées. En premier lieu, cette ouverture pousse à la fermeture du canal de Lachine et à la réinstallation, le plus souvent à l'extérieur de la province, de toute une série d'activités connexes, qu'il s'agisse des manufactures et industries situées le long du canal même, ou de celles qui leur fournissaient des produits et des services. En deuxième lieu, la canalisation confirme la marginalisation de la ville de Montréal à l'intérieur de l'espace nord-américain. L'une dans l'autre, ces conséquences accélèrent le déclin économique de la ville. Ce déclin, la Chambre de commerce de la ville de Montréal l'avait vu venir dès la fin des années 1950, et c'est ce qui l'a conduite à proposer de promouvoir la candidature de la ville en vue de la tenue d'une exposition universelle, qui aura effectivement lieu en 1967. L'idée qui animait cette stratégie était de se servir des dépenses d'infrastructure requises pour l'organisation d'un tel événement aux fins de faciliter la reconversion de l'économie de la ville et d'aplanir sa transition vers de nouvelles fonctions commerciales et portuaires.

Comme on le voit, il est indispensable, dans le contexte canadien en tout cas, de lier de manière serrée les notions d'économie mixte et de continentalisme afin de dissiper une ambiguïté qui conduit certains analystes à monter en épingle le rôle du nationalisme économique au détriment de celui du continentalisme. La connexion qui est défendue ici ne vise pas à enlever au nationalisme canadien sa part de responsabilité dans la définition des paramètres de la nouvelle économie politique inspirée du keynésianisme : elle vise à mettre en évidence une dimension importante de ce nationalisme-là qui, en consolidant une option continentale déjà inscrite dans la géographie de l'espace nord-américain depuis la fin de la Première Guerre mondiale, abandonnait l'option transcontinentale qui avait contribué à soutenir l'économie des provinces de l'Est tout au long de l'histoire du pays. En termes plus prosaïques, on voit alors à quel point la sanction des paramètres de l'économie mixte renforcera l'axe Toronto-Ottawa, en tant qu'axe économique *et* politique dominant, au détriment de Montréal et de pans importants de l'économie du Québec[14].

Il est indispensable de lier de manière serrée nationalisme canadien et continentalisme pour une autre raison : l'intime connexion entre les deux permet de mettre en lumière à quel point la Commission Macdonald hérite d'un effet pervers majeur issu de la stratégie avancée par sa devancière, la Commission Rowell-Sirois. En effet, le recours au modèle antérieur, avec son savant dosage de nationalisme et de continentalisme, d'une part, et avec son partage des responsabilités constitutionnelles entre un gouvernement central garant de l'économie mixte et des gouvernements provinciaux assumant le rôle d'États-providence, d'autre part, n'est jamais parvenu à incorporer suffisamment l'économie du Québec pour endiguer la montée d'une fièvre nationaliste et identitaire alternative. Il s'agit donc, cette fois encore, de chercher à résoudre la même équation, mais en remettant en cause les paramètres à partir desquels les gouvernements avaient jusque-là cherché à favoriser une prétendue « union économique ».

Libéralisation et continentalisation

Deux ensembles de facteurs, le premier de nature essentiellement politique, l'autre, d'ordre économique, vont précipiter la remise en cause de l'*équilibre* entre les pouvoirs qui régnait jusque-là et la mise au rancart de l'économie mixte telle qu'on l'entendait et telle qu'on la sanctionnait aux belles heures du keynésianisme.

En politique intérieure, la remise en question du pacte fédéral, à l'instigation d'une des unités constituantes, précipite les choses et conduit le cabinet Trudeau à prendre l'initiative et à tenter de dénouer l'impasse. En effet, le référendum tenu au Québec au mois de mai 1980 par le gouvernement du Parti québécois, même s'il se solde par un échec pour les péquistes, remet en cause les assises du constitutionnalisme canadien. Fort du succès d'une campagne au cours de laquelle il a promis une révision en profondeur du cadre constitutionnel, le gouvernement fédéral procède alors au rapatriement unilatéral de la Constitution et, du coup, prévoit l'enchâssement d'une charte des droits et libertés dans le texte fondateur. Cette innovation devait avoir des conséquences incalculables que je voudrais explorer rapidement.

Jusque-là, le régime fédéral canadien avait opéré sous l'empire d'un principe fondamental hérité du droit constitutionnel britannique : le principe de la souveraineté parlementaire. En vertu de ce principe, les Parlements et les pouvoirs législatifs disposent de l'autorité suprême sur toutes les matières qui relèvent de leurs compétences. En constitutionnalisant une charte des droits et libertés, le constituant imposait désormais une limite à l'« autorité suprême » des Parlements, puisqu'il confiait aux tribunaux le pouvoir d'établir la constitutionnalité de la législation en regard des dispositions de la charte.

En agissant de la sorte, le constituant se trouvait alors à opérer une substitution révélatrice : il renonçait à l'application du principe de souveraineté parlementaire hérité du droit constitutionnel britannique pour souscrire plutôt au principe du contrôle judiciaire propre au droit constitutionnel des États-Unis. On peut voir dans cette substitution la confirmation d'un effet systémique majeur de la continentalisation de l'économie canadienne sur la Constitution et le droit ou bien, à l'inverse, l'annonce d'un l'établissement de relations économiques encore plus étroites entre les deux pays, c'est-à-dire un passage obligé vers un prétendu libre-échange. D'ailleurs, contrairement à ce qu'on pourrait penser, ces deux interprétations ne se contredisent pas. Depuis plusieurs décennies déjà, le principe de la suprématie parlementaire apparaît de moins en moins opérant, non seulement parce que les parlementaires sont de moins en moins en mesure d'exiger une reddition de comptes de la part des pouvoirs exécutifs, mais également parce qu'ils ne font plus le poids devant les groupes d'influence et autre *lobbies*. Mais ce qui est nouveau dans le contexte actuel, c'est la montée en puissance des tribunaux et des juges, qui contribue à réduire encore davantage les prérogatives des pouvoirs législatifs en soumettant la volonté de la majorité parlementaire au contrôle de la Constitution. C'est ce que les fondateurs de la république américaine avaient en tête quand, afin de prémunir l'ordre politique des États-Unis contre le « totalitarisme de la majorité », ils ont sanctionné le principe du contrôle judiciaire de la Constitution.

En ce sens, la constitutionnalisation d'une charte des droits et libertés marquée du sceau du libéralisme individualiste, c'est-à-dire d'une charte qui incorpore la défense et la promotion des droits civils et politiques au détriment de la défense et de la promotion des droits économiques[15], sociaux et culturels, porte une atteinte directe au pouvoir des Parlements de légiférer pour une majorité, quelle qu'elle soit. Il ne faut donc pas s'étonner si, une fois cette nouvelle logique constitutionnelle introduite dans le contexte canadien, ce sont bel et bien les droits économiques, sociaux et culturels qui se trouvent par le fait même remis en question. Autrement dit, la défense et la promotion de l'individualisme remet directement en cause l'universalisme qui comptait, on s'en souvient, parmi les enjeux centraux dans la mise en place de l'État-providence.

Je voudrais consigner deux remarques incidentes à propos de l'enchâssement de la *Charte canadienne des droits et libertés* dans la Constitution. La première porte sur l'idée selon laquelle l'enchâssement fonde une nouvelle relation entre le citoyen et le pouvoir politique ; la seconde, sur le fait que cet enchâssement établit *également* une nouvelle relation entre les corps constitués, qu'il s'agisse des entreprises ou des organisations, et le pouvoir politique. En effet, la *Charte canadienne* accorde la jouissance des libertés fondamentales aux personnes physiques comme aux personnes morales, de sorte qu'une corporation peut tout autant invoquer la liberté de religion pour contester une loi qui interdit l'ouverture des commerces le dimanche que la liberté de choix pour remettre en cause les droits linguistiques de la majorité francophone au Québec.

Cette nouvelle relation citoyenne et corporative aggrave la caducité de l'universalisme et, par conséquent, contribue à remettre en cause la défense des intérêts d'une majorité de la part des pouvoirs législatifs. Parallèlement, cette nouvelle relation citoyenne et corporative renforce la légitimité des pouvoirs exécutifs et celle des tribunaux, les premiers dans leur capacité à faire droit aux revendications et autres requêtes issues des individus, des groupes et des entreprises, les seconds dans leur capacité à reconnaître et à interpréter ces droits.

Cela dit, et pour revenir à la commission, les commissaires partent du fait que la crise politique se double d'une crise économique grave :

[J]amais depuis la Seconde Guerre mondiale les Canadiens ont-ils subi une récession aussi profonde que celle de 1981-1982. La dépense nationale brute (DNB) réelle chuta de 4,2 pour cent entre 1981 et 1982 ; au cours de l'après-guerre, le seul autre cas d'une baisse absolue de la production, sur une base annuelle, survint en 1954 lorsque la DNB réelle chuta de 1,2 pour cent au cours de la récession qui fit suite à la guerre de Corée [...]

De plus, la récession a sévi plus durement au Canada qu'aux États-Unis, où la DNB réelle ne chuta que de 2 pour cent, et le taux de chômage n'augmenta que de 2 points de pourcentage entre 1981 et 1982[16].

À partir de ce constat, aux yeux des commissaires, les politiques de gestion de la demande inspirées de Keynes n'ont plus leur place et il faut désormais renoncer aux velléités de contrôle inscrit dans le cadre normatif et institutionnel de l'après-guerre. Il ne devrait plus être question pour les pouvoirs publics de diriger ou de contrôler l'économie mais de confier la plus grande part de cette gestion et de ce contrôle au marché, c'est-à-dire au secteur privé.

La Commission Macdonald

La Commission est créée en 1982 dans un contexte de crise qui n'est pas sans rappeler celui qui régnait au moment où la Commission Rowell-Sirois avait été nommée, puisque nous avons de nouveau affaire à une crise économique doublée d'une crise politique, crises dont les causes sont tout autant internes qu'externes.

La Commission Macdonald[17] recevra 1 513 mémoires, mettra sur pied un vaste programme de recherche auquel participeront environ 300 experts, qui publieront ensemble 72 volumes de travaux. Elle effectuera *deux* séries d'auditions dans tout le pays et produira un imposant rapport en trois volumes totalisant 2 110 pages, incluant cinq commentaires et dissidences. À lui seul, l'espace consacré aux conclusions et recommandations couvre 80 pages.

La Commission reçoit un mandat très large touchant à la fois aux politiques de développement à proposer, aux aménagements institutionnels et constitutionnels à prévoir, tout ceci en tenant «compte de l'esprit et de la Constitution canadienne », et tout en s'appuyant « sur l'hypothèse que la structure fédérale canadienne ne s'écartera pas sensiblement de ce qu'elle est à l'heure actuelle[18] ».

Il apparaît clairement, en début d'analyse, que les commissaires prennent au sérieux la menace d'une « balkanisation[19] » de l'économie et qu'ils proposeront des mesures aptes à renforcer l'« union canadienne ». Il s'agit donc de définir les contours d'une économie politique qui s'inscrirait dans le prolongement direct de la Constitution de 1982 et de la *Charte canadienne des droits et libertés*. Les responsabilités sont, elles aussi, clairement définies : si l'union a été mise en péril, la faute en appartient aux interventions des gouvernements et au cadre de référence qu'ils s'étaient donné, l'économie mixte et Keynes.

Pratiquant la flagornerie, les rédacteurs du rapport, après avoir remis en question la pertinence du keynésianisme pour faire face aux problèmes actuels, se servent par la suite d'une citation tronquée de Marx pour défendre le rôle progressiste de la bourgeoisie dans l'Histoire :

> L'économie de marché, caractérisée par la décentralisation et par la capacité de réagir rapidement aux changements de prix, est également une invention sociale importante. Elle est extrêmement souple, elle réagit bien et elle coordonne, sans recours à la force, une multitude de décisions économiques privées. Ce n'est pas Henry Ford, mais Karl Max [*sic*], qui, dans le *Manifeste du Parti communiste,* fait la remarque suivante au sujet de la bourgeoisie : « Elle a été la première à montrer ce dont était capable l'activité humaine [...] La bourgeoisie, durant son règne d'à peine un siècle, a créé des forces productives plus massives et plus colossales que toutes les générations précédentes prises ensemble [...][20]. »

Si les rédacteurs n'avaient pas coupé si abruptement leur extrait du *Manifeste,* ils auraient évité de faire croire que ce pamphlet est une apologie du monde bourgeois. Il leur aurait suffi de citer ceci, qui se rencontre à peine deux paragraphes plus bas :

> Nous voyons se dérouler actuellement sous nos yeux un processus analogue [à celui qui s'était produit quand la bourgeoisie avait brisé les chaînes du régime féodal]. Depuis des dizaines d'années, l'histoire de l'industrie et du commerce n'est autre que l'histoire de la révolte des forces productives modernes contre les rapports modernes de production, contre le régime de propriété qui conditionnent l'existence de la bourgeoisie et sa domination[21].

Quoi qu'il en soit, l'objectif est clair : la critique de Keynes vise essentiellement à préparer le terrain en vue de la définition d'une nouvelle économie politique inspirée des paramètres du néolibéralisme. Ce qui l'est moins, par contre, c'est qu'avant même d'engager leur critique de l'économie mixte et du keynésianisme, les commissaires trouvent important de se livrer à une critique préalable du pouvoir législatif et du parlementarisme. Pourquoi établir un rapport entre deux enjeux en apparence aussi éloignés et quel est le lien que l'on prétendait établir entre ces deux dimensions ?

La réponse à cette question exige qu'on mette en évidence le fait que le passage à une libéralisation de type néolibéral ou ultralibéral, bref, à une libéralisation qui tourne le dos au type d'interventionnisme prôné par Keynes, est impensable si on ne revoit pas d'abord de fond en comble les rapports du citoyen au politique et les rapports entre les pouvoirs.

Dans un premier temps, à propos des rapports entre les pouvoirs législatif et exécutif, les commissaires écrivent ceci :

> [L]e régime [fédéral] lie l'exécutif et le législatif de chaque gouvernement selon un modèle qui nous apporte tout autant un leadership décidé qu'une démocratie attentive à

nos besoins, grâce à l'obligation à laquelle est tenu l'exécutif politique d'obtenir l'appui majoritaire des députés des législatures pour demeurer au pouvoir[22].

Cette analyse est immédiatement suivie d'une critique en règle du « gouvernement parlementaire responsable », qui ne serait plus adapté aux circonstances actuelles pour les raisons suivantes :

> [...] l'influence constante de l'argent dans la vie politique ; la nature peu représentative des corps législatifs ; le nombre croissant des groupes de pression, qui ont leurs entrées auprès de la bureaucratie et des Conseils des ministres ; les excès de partisanerie dans les débats ; le déséquilibre entre l'information rigoureuse dont disposent les Conseils des ministres et celle, moins étoffée, dont disposent les législatures ; les moyens de manipulation que les médias modernes et les techniques de sondage sophistiquées donnent à ceux qui assument le pouvoir ; la mesure dans laquelle l'administration de l'État échappe à l'examen et au contrôle efficace des élus du peuple ; les difficultés que doivent affronter les législatures face à la complexité et aux innombrables décisions politiques qui s'imposent dans la société contemporaine, et bien d'autres encore[23].

Cependant, et fort paradoxalement, après avoir pris acte de l'instauration d'un régime de « fédéralisme exécutif » au pays, les commissaires se promettent de faire des recommandations susceptibles de favoriser le renforcement du parlementarisme. À cette fin, ils recommandent une réforme du Sénat qui deviendrait un corps électif, une recommandation qui demeurera sans suite.

La critique du pouvoir législatif qui est engagée par les commissaires est à la fois contextuelle et stratégique. Cependant, au-delà de cette double dimension, cette critique est d'abord et avant tout révélatrice de quelque chose de fondamental qui renvoie au lien entre l'économie et le politique. Je m'explique. Pour faire image, on peut envisager l'approche de l'économie politique défendue par Keynes comme une *surcharge* du politique qui devait alors assumer de nouvelles missions, tandis que le recours à la libéralisation exigerait un *allègement* du politique. Mais ces termes sont inadéquats, parce qu'il ne s'agit pas tant d'étudier la question en termes positivistes, comme si nous avions affaire uniquement à des programmes ou à des responsabilités qui seraient assumés par des pouvoirs publics dans le premier cas, confiés à des acteurs privés dans le second : il s'agit surtout dans chaque cas de mettre en lumière la nature du rapport entre les sphères publiques et privées.

En d'autres mots, la transition d'une économie mixte d'inspiration keynésienne à une libéralisation extrême des marchés exigerait un repositionnement de la part des gouvernements face à la question du bien commun, repositionnement qui passe par une révision en profondeur des relations entre les pouvoirs législatif et exécutif. Un repositionnement qui, à son tour, repose sur l'établissement d'une relation particulière et nouvelle entre le citoyen et le pouvoir.

En concentrant l'attention sur l'enjeu de la libéralisation extrême engagée dans la foulée des négociations canado-américaines, c'est cette dimension que je vais explorer plus avant au chapitre suivant.

Du régionalisme à la globalisation : le libre-échange entre le Canada et les États-Unis

Le défi historique, pour le gouvernement fédéral, a consisté à sauvegarder une souveraineté de plus en plus affaiblie et à négocier, autant que faire se pouvait, la continentalisation de l'économie. Nous avons esquissé le contexte général à l'intérieur duquel ces négociations ont été menées tout au long de la *guerre froide.*

Cette continentalisation a eu des retombées très positives pour l'économie de certaines provinces, comme l'Ontario, qui a de surcroît bénéficié de la sécurité économique offerte par le *Pacte de l'auto* de 1965, et comme l'Alberta, qui a bénéficié de la rente pétrolière. Les retombées ont toutefois été moins positives pour les autres provinces.

Cependant, les choses ne devaient pas s'arrêter là, et c'est très précisément en analysant l'esprit et la lettre des deux accords de libre-échange négociés successivement avec les États-Unis, durant les années 1980, puis avec ceux-ci et le Mexique, durant les années 1990, que l'on peut mettre en évidence tout ce qui sépare la globalisation de la mondialisation dont il a été question jusqu'ici.

C'est donc dans le contexte de la négociation de ces deux accords que nous allons faire débuter la phase de la globalisation de l'économie. Nous verrons alors que, par diffusion et par extension à d'autres partenaires, c'est ce modèle qui serait en voie d'imposer ses normes et ses exigences au plus grand nombre de partenaires et de se substituer, à terme, à la mondialisation issue d'une application plus ou moins conforme aux cadres normatifs et institutionnels de l'ordre d'après-guerre.

À l'heure actuelle, l'ensemble des idées-force qui soutiennent et valident l'*autre* processus d'intégration économique, le processus de la globalisation des économies, appartiennent à ce que l'on appelle l'idéologie néolibérale. L'une des idées centrales de cet ultralibéralisme prétend que le marché devrait assurer seul et sans entrave la distribution des biens, des services et de l'investissement, faute de quoi nous n'aurions pas en fin de compte une répartition optimale des revenus entre les facteurs de production, c'est-à-dire entre le travail et le capital. Historiquement, cependant, le moins qu'on puisse dire est que le marché n'est jamais parvenu à faire ses preuves, comme nous l'avons vu au premier chapitre. C'est la raison centrale pour laquelle, au cours des années 1930 et de la Seconde Guerre, on a assisté à l'émergence de ce que nous avons désigné comme le libéralisme interventionniste. À ce propos, il est intéressant de souligner que ce sont ces libéraux interventionnistes, c'est-à-dire les keynésiens notamment, qui s'affichaient au départ comme des néolibéraux par opposition aux libéraux, sans suffixe ni préfixe, qui désignaient les tenants des démarches classiques et anti-interventionnistes. Mais le plus intéressant n'est pas dans la permutation des labels qui renvoie les néolibéraux d'aujourd'hui aux positions défendues par les libéraux d'hier ; il est dans le parallèle que l'on peut tracer entre les stratégies adoptées par les libéraux interventionnistes d'hier et celles auxquelles ont eu recours les libéraux anti-interventionnistes tout au long de la *guerre froide*.

Ces libéraux-là, dans leur longue traversée du désert, qui les a conduits à ré-émerger trois ou quatre décennies plus tard affublés du préfixe « néo », ont patiemment tissés des liens intellectuels et politiques, puis progressivement étendu leurs réseaux d'influence. Songeons à la mise sur pied d'institutions, comme la Société du mont Pèlerin, à la diffusion de leurs idées et de leurs thèses dans des universités et des facultés, comme la faculté de droit de l'Université de Chicago, à de nombreuses publications et à des séries télévisées, comme celle qui a été animée par les époux Milton et Rose Friedman, et, ne l'oublions pas non plus, à des expériences de terrain, comme celle qui a été menée au Chili par l'équipe du général Pinochet au lendemain du coup d'État contre le gouvernement socialiste de Salvador Allende, le 11 septembre 1973[1].

L'effet utile de tout ce travail de sape mérite d'être souligné puisque, en l'espace de quatre décennies à peine, entre 1939 et 1979, le néolibéralisme aura gagné un tel ascendant sur les médias et la classe politique qu'il sera appliqué dès cette année-là sous la gouverne du Parti conservateur de Margaret Thatcher, premier ministre du Royaume-Uni, et qu'il se retrouvera dans l'antichambre du pouvoir avec l'arrivée de Ronald Reagan à la présidence des États-Unis, en 1980[2]. Au Canada, l'approche néolibérale sera sanctionnée à compter de 1984 par le Parti progressiste-conservateur de Mulroney, et au Québec, par le Parti libéral de Robert Bourassa, dès 1985.

L'un après l'autre, les gouvernements aux prises avec d'importants déficits remettent en question la stratégie interventionniste à laquelle ils avaient souscrit jusque-là et proposent d'unir leurs forces à celles des milieux d'affaires afin d'éliminer tout ce qui leur apparaît désormais comme des obstacles au *libre* fonctionnement du marché. Cependant, selon les raisonnements mis au point par ces *nouveaux* libéraux, les entreprises sont d'entrée de jeu dispensées de cette exigence, comme si les entraves qu'elles posaient ou qu'elles imposaient n'en étaient pas, de sorte que ce sont uniquement les gouvernements eux-mêmes qui sont impliqués dans ce processus. Cette approche aura pour conséquence première de bouleverser de fond en comble la fonction et la mission de l'État, qui devra dorénavant mener cette tâche pour le moins curieuse et paradoxale qui consiste en quelque sorte à procéder à son propre démantèlement. Certains analystes ont pris ce retournement dans les fonctions et missions de l'État pour un indicateur de faiblesse ou pour un indice de déclin, sans voir que, dans le cas des pays riches à tout le moins, loin de faiblir, l'État sortira à la fois grandi et renforcé de cette cure d'allègement.

Réduite à sa plus simple expression, l'approche néolibérale repose essentiellement sur quatre piliers : la libéralisation, la déréglementation[3], la privatisation et la réduction des politiques sociales. Ce *quatrain* de mesures conduit à un seul et même résultat, qui est l'extension de la logique privative à l'intérieur de l'espace public. Cette extension repose sur une idée fort simple, qui veut que la production de richesse soit l'apanage du privé, les pouvoirs publics n'occasionnant, quant à eux, que des dépenses. Bien sûr, cette approche réductrice avait déjà été critiquée au XIXe siècle par des libéraux comme John Stuart Mill, qui avait soutenu et démontré que des dépenses publiques dans des domaines comme la santé ou l'éducation n'étaient pas à proprement parler des dépenses *stricto sensu*, mais des investissements publics.

Comme nous l'avons vu, les fondateurs de l'ordre d'après-guerre avaient d'entrée de jeu souscrit à ce genre d'approche en vertu de laquelle les pouvoirs publics devaient assumer un rôle de direction ou de contrôle de l'économie, et c'est cette conviction qui les avait conduits à accorder une place aussi éminente à un objectif central de l'économie politique, la poursuite du plein emploi[4]. Cependant, la poursuite de cet objectif reposait sur une contradiction insurmontable entre un engagement passablement formel — voire purement rhétorique dans certains cas — des États en faveur du progrès économique et du progrès social, et un engagement tout à la fois politique et juridique en faveur des droits civils et politiques, au détriment de la reconnaissance et de la sanction des droits économiques, sociaux et culturels. Cette contradiction se trouvera répercutée dans l'écart grandissant qui séparera la stratégie de libéralisation des économies nationales engagée et soutenue par les États au nom de la libéralisation des échanges de marchandises et de capitaux, et la stratégie d'encadrement et de contrôle de la main-d'œuvre et des populations dans leur ensemble, engagée et soutenue par les États au nom de la solidarité nationale.

Poussé à favoriser l'internationalisation de la production nationale tout en cherchant à protéger la main-d'œuvre et la population contre les rigueurs de la libéralisation d'un vaste marché mondial des marchandises et des capitaux, l'État induira une dissociation forte entre deux marchés, l'un mondial, l'autre national.

Par ailleurs, si l'État-providence ou encore, plus généralement, le recours à toute une panoplie de mesures interventionnistes dans les domaines sociaux, du travail, de la santé et de l'éducation, entre autres, ont pu apparaître aux yeux des gouvernements comme une réponse au défi de la mondialisation, il n'en restait pas moins que ces stratagèmes débouchaient sur une situation parfaitement paradoxale : comment pouvait-on à terme réconcilier l'instauration d'un seul vaste marché mondial avec la prolifération d'espaces normatifs nationaux de plus en plus encadrés, fragmentés et différents les uns des autres ? Comment pouvait-on réconcilier la quête d'une plus grande mobilité pour des marchandises, des services et des capitaux, alors que la main-d'œuvre et, plus généralement, les citoyennes et les citoyens étaient de leur côté soumis à un quadrillage réglementaire de plus en plus grand et de plus en plus compliqué ?

C'est très précisément à cette dissociation entre *deux* marchés que la vulgate néolibérale s'en prend, de telle sorte que l'objectif central de la politique économique devrait désormais se limiter à introduire la logique marchande dans les secteurs et domaines qui en étaient auparavant abrités. Au mieux, la sanction d'une telle exigence conduit *tout simplement* à l'incorporation du principe de compétitivité dans le secteur ou le domaine en question ; au pire, cette exigence conduit à la fois à une incorporation partielle du principe de compétitivité et à un déplacement des fonctions des gouvernements et des pouvoirs publics en amont. En fait, lors de la privatisation de certains services publics autrefois accessibles de manière universelle, comme la santé et l'éducation, c'est la deuxième option qui s'impose : l'État privatise tout en dispensant lui-même les services auprès des populations marginales, pauvres ou exclues.

Il reste maintenant à voir comment cette logique, qui semble à première vue appartenir en propre à la dimension interne de la *gouvernance* et, à ce titre, relever de choix politiques internes, est, dans le contexte canadien en tout cas, induite par le libre-échange, c'est-à-dire par l'*Accord de libre-échange entre le Canada et les États-Unis* (ALE) et l'*Accord de libre-échange nord-américain* (ALENA).

Le libre-échange entre le Canada et les États-Unis

Il est tout de même paradoxal que le Canada et les États-Unis se soient crus obligés de recourir au libre-échange alors qu'ils comptaient déjà parmi les économies les plus intégrées de la planète. En vérité, ce libre-échange ne pouvait être négocié autrement que par des partenaires *très* privilégiés.

En fait, le tout premier accord bilatéral de libre-échange qui s'inscrit dans cette nouvelle logique est celui que les États-Unis signeront avec Israël en 1985 ; celui qu'ils négocieront avec le Canada à compter de cette année-là et qui entrera en vigueur en 1989 est donc le deuxième du genre. À compter de l'hiver 1991, les négociations débutent cette fois à trois et elles déboucheront sur la signature de l'ALENA en 1993. L'accord entre en vigueur le 1er janvier 1994. La même année, en décembre, le président Clinton convoque le premier Sommet des chefs d'État et de gouvernement des Amériques ; le Sommet adopte un *Plan d'action* qui prévoit, entre autres choses, une intégration économique plus poussée entre les pays. Trois années plus tard, le *Plan d'action* dévoilé lors du deuxième Sommet, tenu à Santiago en avril 1998, annonce l'ouverture de négociations qui doivent conduire à la signature d'un accord de libre-échange entre les 34 partenaires des Amériques, à l'exclusion de Cuba, d'ici 2005. Au seul niveau de l'extension d'un nouveau cadre normatif, les choses vont donc très vite.

On peut d'ailleurs prendre une autre mesure des progrès accomplis en l'espace de quelques années, en regardant les formulations successives des articles consacrés aux services et aux investissements dans les accords de 1985, de 1989, puis de 1994. À cet égard, l'ALENA représente bel et bien la formulation la plus avancée à l'heure actuelle, en matière aussi bien de services que d'investissements et de marchés publics. C'est ce qui permet d'expliquer que le chapitre 11 de l'ALENA sur les investissements ait pu servir de canevas à l'*Accord multilatéral sur l'investissement* (AMI) lors des négociations menées sous l'égide de l'Organisation de coopération et de développement économiques (OCDE) à la fin des années 1990. Rappelons que ces négociations ont été interrompues en septembre 1998 à la suite de la cabale montée un peu partout dans le monde, en France surtout, mais au Québec également, contre certaines dispositions de l'accord en question.

Mais revenons en arrière et posons-nous la question suivante : en quoi et comment ce qui s'annonçait comme de simples négociations commerciales au milieu des années 1980 a-t-il pu avoir de telles conséquences ?

La réponse la plus simple généralement apportée à cette question consiste à mettre en relief l'objet central de ces négociations, qui portaient dorénavant sur l'élimination des barrières non tarifaires (BNT), par opposition aux négociations commerciales antérieures qui traitaient essentiellement de barrières tarifaires. Pourtant, cette seule précision est bien évidemment insuffisante, tout simplement parce que la notion de BNT englobe toutes les formes et les variantes possibles et imaginables d'interventions et d'entraves imposées par les pouvoirs publics et leurs agences à tous les niveaux de la production, de la circulation et de la distribution des produits et des services. Il ne pouvait alors être question de toutes les barrières non tarifaires, mais de certaines d'entre elles et, en particulier, des barrières non tarifaires à l'exportation et non, par exemple, de ces barrières non tarifaires à la production que l'on appelle encore des subventions aux entreprises.

Or, les mesures économiques sanctionnées par les gouvernements aux prises avec des économies plus faibles, afin que celles-ci soient mises à l'abri des intrusions issues d'économies plus fortes, ont précisément pris pour cible les flux d'exportations et d'importations de manière à en accroître les retombées pour les besoins de la croissance de l'économie nationale. Ainsi, en ouvrant les négociations sur les BNT à l'exportation, les négociateurs américains faisaient d'une pierre deux coups : ils remettaient en cause la stratégie de substitution aux importations sanctionnée par les gouvernements canadiens depuis plus d'un siècle, stratégie à l'ombre de laquelle les gouvernements fédéral et provinciaux avaient pu faciliter l'industrialisation au pays. Du coup, ils s'assuraient pour l'avenir un approvisionnement sécuritaire en richesses naturelles, objectif qui n'était pas à dédaigner dans un contexte où l'on avait encore à l'esprit les difficultés — réelles ou dramatisées, peu importe — d'approvisionnement en pétrole de l'économie américaine au sortir de la guerre des Six Jours.

Dans cette perspective, on saisit toute la portée de l'accord bilatéral de 1989 sous deux angles distincts. On comprend mieux l'ampleur de la négociation qui couvre aussi bien le commerce des produits (partie II), les marchés publics (partie III), les services, investissements et autorisation de séjour temporaire (partie IV) et les services financiers (partie V). De même on saisit mieux l'articulation entre les chapitres à l'intérieur des parties, par exemple entre les dix chapitres à l'intérieur de la partie II sur le commerce des produits qui traitent des règles d'origine (ch. 3), des mesures à la frontière (ch. 4), du traitement national (ch. 5), des normes techniques (ch. 6), de l'agriculture (ch. 7), des vins et spiritueux (ch. 8), de l'énergie (ch. 9), du commerce des produits automobiles (ch. 10), des mesures d'urgence (ch. 11), en plus de prévoir quelques exceptions (ch. 12). Le même constat s'applique à la partie IV sur les services, qui propose dans son Annexe 1408 une première liste passablement longue de services regroupés en une demi-douzaine de rubriques couvrant l'agriculture et la forêt, l'exploitation minière, la construction, la distribution, l'assurance et l'immobilier, ainsi que les services commerciaux.

L'ALE innove donc sur trois points : *premièrement,* par l'ampleur de son dessein, puisque l'accord prévoit une libéralisation étendue à tous les secteurs de l'économie, y compris l'agriculture ; *deuxièmement,* par l'étendue de ses obligations, car aucun accord commercial n'avait encore incorporé autant d'engagements exécutoires concernant le commerce des services, les voyages d'affaires et les investissements ; et, *troisièmement,* par la nature des garanties d'accès au marché consentis de part et d'autre[5].

Cependant, nous sommes encore ici dans une approche dite « positive », en ce sens que l'annexe établit une liste de services auxquels s'appliquent les termes de l'accord et qui sont donc couverts par eux. En cette matière, l'ALENA innovera en recourant à une approche dite « négative », selon laquelle le principe de la libéralisation des marchés a une portée universelle.

C'est pourquoi, afin de mesurer le poids et l'importance des engagements contractés par le gouvernement canadien dans le cadre de l'ALENA, et afin de mettre au jour la nature du processus d'harmonisation en cours au sein des institutions créées par l'accord, il faut l'étudier plus en détails et mettre en évidence sa profonde originalité, de même que l'ampleur de ses mécanismes d'ajustement. Le paragraphe 1 de l'article 102 de l'ALENA précise les six objectifs de l'accord en ces termes :

> Les objectifs du présent accord, définis de façon plus précise dans ses principes et ses règles, notamment le traitement national, le traitement de la nation la plus favorisée et la transparence, sont les suivants :
>
> 1. éliminer les obstacles au commerce des produits et des services entre les territoires des Parties et faciliter le mouvement transfrontière de ces produits et services ;
> 2. favoriser la concurrence loyale dans la zone de libre-échange ;
> 3. augmenter substantiellement les possibilités d'investissement sur les territoires des Parties ;
> 4. assurer de façon efficace et suffisante la protection et le respect des droits de propriété intellectuelle sur le territoire de chacune des Parties ;
> 5. établir des procédures efficaces pour la mise en œuvre et l'application du présent accord, pour son administration conjointe et pour le règlement des différends ; et
> 6. créer le cadre d'une coopération trilatérale, régionale et multilatérale plus poussée afin d'accroître et d'élargir les avantages découlant du présent accord.

Si les quatre premiers alinéas prévoient les grands objectifs économiques et commerciaux de l'accord, les deux derniers renvoient respectivement à son administration et à son cadre institutionnel. Mais au-delà de la lettre d'un texte étonnamment ambitieux, il convient de dégager l'esprit dans lequel doivent être assumées les obligations inscrites à l'accord et de souligner à quel point ces obligations sont étendues, nombreuses et contraignantes. Qu'il s'agisse de la Partie II, consacrée au commerce des produits, de la Partie IV, consacrée aux marchés publics, ou de la Partie V, consacrée à l'investissement et aux services, l'application du principe du traitement national (TN) et du principe de la clause de la nation la plus favorisée (CNPF) a chaque fois une portée universelle, ou tant s'en faut. Là où les Parties ont prévu de soustraire certains produits, marchés ou services à l'application des principes, réserves qui figurent en annexe à la suite des chapitres pertinents, l'accord prévoit deux choses : *premièrement*, des négociations ultérieures, et parfois une date à partir de laquelle ces négociations ultérieures doivent être amorcées, comme c'est le cas à l'article 1024 du chapitre 10 sur les marchés publics ; *deuxièmement*, des engagements spécifiques, comme c'est le cas aux annexes VI et VII. Étant donné que ces deux dimensions, c'est-à-dire la mise en place d'un mécanisme de négociations et l'établissement de listes, font toute l'originalité de l'ALENA, il convient d'en expliquer l'esprit et la portée.

À cause de l'incorporation dans l'ALENA de mécanismes de négociations ultérieures confiées à des institutions qui doivent poursuivre leurs mandats à l'intérieur d'échéanciers pré-établis, l'accord se trouve à sanctionner une approche « évolutive », par opposition à l'approche plus conventionnelle, dite « compréhensive », en vertu de laquelle les Parties conviennent de procéder à la mise en œuvre et à l'harmonisation des normes et principes autour desquels ils se sont entendus une fois pour toutes. Par ailleurs, et c'est là une deuxième innovation importante, en annexe au chapitre 12 consacré au commerce des services, l'accord prévoit une énumération des services *exclus* de l'accord, en lieu et place de la démarche traditionnelle qui consistait à établir une liste des domaines *inclus* dans un accord, démarche qui correspond à l'esprit du droit international pour lequel les obligations des Parties sont, dans toute la mesure du possible, définies en termes clairs et explicites de manière à faciliter le processus de mise en œuvre. On

dit alors que l'ALENA établit une liste « négative », par opposition à l'approche fondée sur l'établissement de listes positives[6].
Quelle est la différence ? En sanctionnant une approche évolutive fondée sur les listes négatives, les Parties ont convenu
d'accorder à terme une portée universelle, ou tant s'en faut,
aux principes et aux normes sanctionnés dans l'accord,
contrairement à l'approche classique en la matière, l'approche
dite « positive » ou compréhensive, en vertu de laquelle la
signature apposée au bas d'un parchemin met fin à la négociation et reflète l'état du consensus intervenu entre des partenaires. Dans ce cas-ci, le texte de l'accord prévoit clairement et
explicitement l'étendue des obligations des Parties. Cela dit,
l'approche sanctionnée dans l'ALENA ne représente pas
encore un modèle achevé d'approche évolutive, et la portée de
l'accord n'est pas universelle ni à l'heure actuelle ni à terme,
puisque les Parties se sont malgré tout ménagé quelques
domaines pour lesquels elles ne prévoient pas de négociations
ultérieures, comme c'est le cas, par exemple, en matière de services financiers.

Certains analystes qualifient l'approche de l'ALENA d'*approche duale* parce qu'elle incorpore à la fois l'approche traditionnelle dite « depuis le haut vers le bas » et une autre,
innovatrice, dite « depuis le bas vers le haut ». L'approche
traditionnelle, dite « *top down approach* » en anglais, repose
sur la rédaction d'instruments juridiques (traités ou pactes)
par des comités où siègent des représentants attitrés et leurs
experts. C'est celle qui est sanctionnée à l'échelle mondiale
dans les négociations au GATT et au GATS, entre autres.
L'approche dite « *bottom to the top* » repose sur une tout autre
conception : elle vise à réduire des disparités dans des pratiques d'affaires et dans l'application des lois et des règlements. Il s'agit alors de repérer ces différences, puis de les
réduire, voire de les éliminer, en ayant recours soit à la
standardisation de la documentation, soit à l'harmonisation
ou à l'uniformisation de la loi et de la pratique. Cette approche

est mise en œuvre dans un face à face où interviennent des gens d'affaires, des experts en droit et des représentants des pouvoirs publics et, sous prétexte qu'il s'agit de questions de pratique et de questions techniques, elle n'est soumise à aucune exigence formelle ou protocolaire. On voit alors l'intérêt *objectif* qu'ont les Parties qui souscrivent à cette dernière approche, qui a l'insigne avantage de contourner tous les mécanismes traditionnels de mise en œuvre et surtout l'exigence de publicité de la norme[7].

En ce sens, l'ALENA peut être considéré comme le premier accord commercial, en dehors des accords qui régissent la Communauté européenne, qui non seulement couvre à peu près tout ce qui touche aux questions économiques, mais établit dans les relations commerciales un véritable cadre normatif transnational fondé sur l'égalité de traitement, pour les États comme pour les entreprises, ce qui, rappelons-le, constituait la pierre d'assise sur laquelle les États-Unis avaient voulu échafauder le droit économique international au lendemain de la Seconde Guerre mondiale.

Plus fondamentalement, dans la foulée de l'analyse qui est proposée dans ces lignes, nous saisissons sans doute de manière plus claire le lien étroit que toute cette approche et cette stratégie permettent d'établir entre les versants externe et interne de la libéralisation et de la privatisation. Un constat central s'établit désormais clairement : pour une première fois, la quantité des domaines couverts par l'ALENA engage une extension insoupçonnée du champ du commerce international, de sorte que ce seraient désormais les normes et, surtout, les pratiques commerciales elles-mêmes qui imposeraient leurs contraintes à la définition des normes de la politique économique intérieure. Pour dire les choses de manière encore plus polémique, ce seraient désormais les principes applicables en droit commercial et les pratiques commerciales qui serviraient à définir la politique économique nationale et, par voie de conséquence, la politique sociale. La voie vers la libéralisation des services publics passerait alors par une commercialisation qui étendrait bientôt son emprise à l'ensemble de la politique sociale.

L'autre domaine dans lequel l'ALENA innove est celui de l'investissement. Mais ce qui n'a sans doute pas été suffisamment mis en évidence à ce sujet, c'est le rapport étroit entre les logiques appliquées chaque fois dans les deux chapitres portant respectivement sur les marchés publics (ch. 10) et sur les investissements (ch. 11). Car, dans le chapitre 11 sur l'investissement, toute l'insistance est placée sur les droits des investisseurs, de sorte que les gouvernements et les entreprises publiques sont quant à eux placés dans une situation subordonnée et désavantagée par rapport aux premiers, stratégie qui contribue évidemment à brider les pouvoirs publics et leurs entreprises. Il faut remarquer que cette stratégie et la précédente sont complémentaires, puisque l'on ne pourrait pas poursuivre d'un côté l'objectif visant à étendre systématiquement la commercialisation de tous les services, et mettre à l'abri de l'autre les prérogatives des pouvoirs publics en matière d'investissement étranger et de définition de la politique économique nationale.

Libéralisation extrême et politique nationale

La question se pose maintenant de savoir comment ce qui relevait jusqu'à maintenant de la politique commerciale est susceptible d'avoir des incidences aussi fortes sur l'économie politique intérieure. La réponse nous sera donnée par un accord intervenu entre le gouvernement fédéral et les provinces qui opère la transposition des normes et principes de l'ALENA dans les relations entre les deux paliers de gouvernement.

L'*Accord de commerce intérieur* (ACI) est essentiellement la réponse apportée par le gouvernement canadien aux obligations souscrites à l'article 105 de l'ALENA intitulé « Étendue des obligations » :

> Les Parties feront en sorte que toutes les mesures nécessaires soient prises pour donner effet aux dispositions du présent accord, notamment, sauf disposition contraire, en ce qui concerne leur observation par les gouvernements des États et des provinces.

C'est ainsi que, trois mois à peine après l'entrée en vigueur de l'ALENA, le 1er janvier 1994, le gouvernement fédéral ainsi que ceux des dix provinces et des deux territoires[8] du Canada ouvraient à leur tour des négociations qui allaient mener à la signature de l'ACI, qui entrera en vigueur en 1996.

L'organe principal de supervision et d'application des termes de l'accord est le Comité des ministres du commerce intérieur (CMCI). Ce comité est formé des ministres responsables du commerce de chacune des Parties. Il assume quatre responsabilités principales, à savoir : *premièrement,* l'identification continue des barrières qui nuisent au commerce efficace et équilibré au sein du Canada ; *deuxièmement,* la réception des représentations faites par des individus, des entreprises, des associations de gens d'affaires et des gouvernements concernant les politiques gouvernementales, les programmes, les réglementations et les pratiques qui entravent le commerce au Canada ; *troisièmement,* la réduction et l'élimination des barrières par le recours à la consultation, à la négociation et à la médiation ; et *quatrièmement,* le dépôt d'un rapport aux premiers ministres sur l'état du commerce intérieur au Canada ainsi que sur les efforts déployés afin de réduire ou d'éliminer les barrières au commerce interprovincial. Le CMCI devrait aussi servir de forum pour les gouvernements, les fonctionnaires et les citoyens afin qu'ils soient en mesure de suivre le débat sur la politique commerciale intérieure et d'y participer[9].

Les objectifs et principes de l'ACI sont définis à l'article 100, qui prévoit l'extension de l'accord à la liberté de mouvement des personnes, ce qui constitue une innovation importante par rapport à l'ALENA, qui ne couvrait que trois « libertés » sur les quatre prévues à l'ACI, à savoir : la liberté de mouvement des produits, des services et de l'investissement. Comme c'était le cas pour l'ALENA, l'ACI soumet l'harmonisation à venir à une exigence forte, la réduction des obstacles au commerce, une exigence qui devrait conduire à toutes les adaptations normatives et réglementaires appropriées. On voit alors à quel point l'ACI, loin de n'être à son tour qu'un *simple* accord commercial, impose véritablement la sanction des paramètres d'une nouvelle politique économique, économie politique qui n'est autre que celle qui est mise en place avec l'ALENA. Mais ce qui est sans doute encore plus révélateur, ce n'est pas le résultat, qui nous place devant cette homologie entre *deux* processus de libéralisation, celui de l'ALENA et celui de l'ACI, ni non plus l'homologie que l'on rencontre dans les institutionnalisations propres à l'ALENA et à l'ACI ; c'est plutôt le fait que le protocole même de la négociation de l'ACI est issu en droite ligne de l'esprit du protocole de la négociation mis en place autour des mécanismes d'harmonisation inscrits dans l'ALENA. En ce sens, l'ACI redéfinit les règles du jeu politique et économique à l'échelle nationale, en prenant pour modèle ce que l'on vient d'établir à l'échelle continentale, ainsi la nouvelle gouvernance instaurée sur le continent trouve désormais sa réplique dans la nation.

En vertu de ce protocole, on assiste à un double déplacement des pouvoirs, l'un horizontal, l'autre vertical. Pour ce qui est de l'horizontal, la concentration des pouvoirs aux mains des exécutifs se fait aux dépens des pouvoirs législatifs, de manière surtout négative, en ce sens que le pouvoir exécutif ne s'arroge pas explicitement les prérogatives du pouvoir législatif : il se contente de les laisser à l'écart. Ce déplacement affecte également les pouvoirs et prérogatives du pouvoir judiciaire,

dont nous n'avons pas traité dans ces pages, puisque les mécanismes de règlements des différends favorisent les recours
devant des tribunaux d'experts mis en place en vertu de ces
accords, et non pas le recours aux tribunaux nationaux.
Par ailleurs, en ce qui concerne le déplacement vertical, on
assiste à l'instauration d'une hiérarchisation de plus en plus
forte entre les exécutifs eux-mêmes, que ce soit à l'intérieur,
entre l'exécutif fédéral et ceux des provinces, ou à l'échelle
continentale, entre les exécutifs des trois pays membres de
l'ALENA. Dans ce cas-ci, en effet, aussi bien le Canada que le
Mexique sont tributaires d'une Maison-Blanche qui dispose
d'un ascendant d'autant plus incontournable que ce n'est pas
elle qui détient le pouvoir en matière de commerce international et d'affaires extérieures, mais bien le Congrès. Or, à moins
que l'on ajuste les régimes constitutionnels de ces deux pays
sur celui des États-Unis et que l'on procède de la même façon,
pour le moment en tout cas, ce sont les pouvoirs législatifs de
leurs partenaires qui sont bridés et qui sont rendus impuissants devant des exécutifs qui, sous prétexte de négocier d'égal
à égal, sont en passe de troquer le bien commun et la démocratie pour la promotion des échanges.

L'étude de quelques dispositions de l'ALENA et de l'ACI
nous a montré autre chose également ; elle nous a montré
comment, à la faveur d'accords de libre-échange, on passe de la
gouverne politique au sens le plus classique du terme à une
gouvernance qui institue une nouvelle interface entre pouvoirs
politiques et pouvoirs économiques.

Cette gouvernance n'est qu'un aspect de la globalisation
des marchés, expression qui désigne plusieurs phénomènes
parmi lesquels nous pouvons retenir, *en premier lieu*, l'instauration d'une économie globale composée d'espaces économiques intégrés. Nous pouvons également retenir, *en deuxième
lieu*, le redéploiement de la stratégie des firmes qui s'inscrit dans un double contexte, à la fois national et international,
où les contraintes dictées par l'établissement d'une position

dominante sur les marchés mondiaux prennent le pas sur celles qui émanent des marchés nationaux, d'une part, et où l'enjeu de la rationalisation des filières de production au sein d'un espace mondial prend le pas sur la mission sociale de l'entreprise au niveau national, d'autre part. Nous pouvons enfin retenir, *en troisième lieu*, la redéfinition des rôle et fonction des États qui ont renoncé à exercer leur pleine souveraineté sur leurs affaires économiques par suite des transferts de juridiction effectués en faveur des organismes internationaux, et qui interviennent désormais de manière stratégique afin de promouvoir l'insertion de certaines filières de production dans l'économie globale.

CHAPITRE 6

Les linéaments d'un ordre global

Pour comprendre l'émergence d'un ordre global, il ne suffit pas d'étudier des textes d'accords et de suivre la trajectoire des normes incorporées dans un traité de libre-échange. Les choses sont loin d'être aussi simples. Le passage à un ordre global ne correspond pas au déversement de nouveaux liquides normatifs ou de nouveaux produits dans les urnes institutionnelles de la mondialisation, auquel cas il suffirait de remplacer le nouveau par l'ancien pour revenir en arrière, aux belles années du projet de mondialisation, et renouer ainsi avec l'esprit à la fois internationaliste et universaliste qui animait les architectes de l'ordre d'après-guerre. Mais nous n'en sommes plus là, et nous y sommes d'autant moins que les anciennes institutions issues de l'après-guerre ont grandement changé et que d'autres institutions ont surgi, qui nous placent carrément sur la voie de la globalisation. Le problème auquel nous faisons face ne concerne donc pas seulement les normes de la globalisation : il concerne ses institutions.

Parmi toutes les institutions créées au lendemain de la Seconde Guerre, celle qui a subi la plus profonde métamorphose est sans contredit l'État. C'est d'ailleurs le plus souvent sur l'État que se concentrent aujourd'hui les plus fortes méprises et les désillusions les plus obstinées. Placé à la double jonction de l'international et du national, d'un côté, du public et du privé, de l'autre, l'État représente véritablement la clef de voûte du système. Il apparaîtrait alors pour le moins illusoire de repenser l'architecture de l'ordre mondial en commençant par une analyse des grandes organisations internationales si la réponse aux défis posés par la globalisation devait être recherchée d'abord et avant tout dans les transformations intervenues dans les fonctions de l'État lui-même. Je vais donc commencer par là, avant de retourner ensuite à un plan global.

Déclin ou reconversion de l'État ?

Quand on pense aux transformations intervenues dans les fonctions assumées par l'État, ce sont celles qui touchent à sa dimension providentialiste qui frappent l'imagination. À telle enseigne d'ailleurs qu'on ne dénombre plus les interprétations qui invoquent le « déclin du providentialisme ». Le recours à cette expression n'est pas toujours heureux, d'autant que sa portée polémique risque de faire dévier l'analyse sur des faux-fuyants au lieu de nous aider à comprendre ce qui se passe.

On a assisté au cours des dernières décennies à un repositionnement majeur de la part des gouvernements par rapport à la promotion du bien commun. Autant, comme nous l'avons vu, cette promotion exigeait de la part de l'État qu'il articule ses interventions de manière à promouvoir parallèlement le développement de l'économie nationale, celui des entreprises nationales et celui des familles, autant nous voyons à l'heure actuelle l'État placer ces objectifs à l'arrière-plan et concentrer son action sur une institution, le marché. Que s'est-il passé ?

Le cadre conceptuel mis en place durant les années 1940 fonctionnait à partir d'une conviction centrale selon laquelle l'État devait être en mesure de maintenir une étanchéité entre deux marchés : un marché interne et un marché externe. Fort de cette mission, l'État devait assumer deux ordres de responsabilités distinctes : à titre de garant de la *solidarité nationale*, d'une part, et de promoteur de la mondialisation de l'économie, de l'autre.

À son tour, cette étanchéité entre *deux* marchés, tout en permettant à l'État d'assumer *deux* missions séparées, reposait tout entière sur le développement concurrent de l'économie mixte et du providentialisme. C'est pourquoi, avant de cerner ce que recouvre la notion de *déclin* du providentialisme, il convient de cerner les transformations intervenues dans l'économie mixte, question qui renvoie à la gestion publique de l'économie et aux présupposés de base du keynésianisme.

En fait, ce sont trois ensembles de facteurs qui vont contribuer à discréditer le projet d'économie mixte inspiré du keynésianisme. Le premier facteur, et le plus déterminant étant donné la perspective retenue, renvoie à la nature du lien qui avait été établi entre les variables dans la théorie keynésienne. On se souviendra que la grande innovation issue des thèses de Keynes avait été d'accorder un statut de variable indépendante au plein emploi. Cela voulait dire que le niveau d'emploi n'était pas déterminé par d'autres variables, comme l'offre et la demande de travail ou le niveau de production, ainsi que le soutenaient les économistes avant Keynes. Mais le plus important, c'est que ce renversement de perspective induisait un déplacement du statut de la variable en question, qui passait alors du domaine de l'économie *stricto sensu* à celui de l'économie *politique*; en d'autres termes, la variable *emploi* relevait désormais du domaine du politique. On peut alors expliquer le passage d'une économie politique centrée sur la poursuite du plein emploi à une économie politique plus « classique » où le niveau d'emploi ne compte plus que comme variable dépendante, de deux façons. On peut l'expliquer en analysant l'état des rapports de force entre les principaux acteurs économiques nationaux et internationaux afin de mettre en lumière, par exemple, le rapport entre le déclin du syndicalisme et l'affaiblissement de la combativité du mouvement ouvrier organisé et leurs effets sur le déclin du tripartisme. Une autre manière de l'expliquer, qui n'est pas du tout incompatible avec la précédente, bien au contraire, consiste à prendre acte du fait que la poursuite du plein emploi n'avait rien d'un droit social mais relevait au contraire, selon le plus pur esprit du libéralisme qui animait Keynes et son école, de l'ordre des libéralités. À ce titre, elle était toujours révocable par le pouvoir politique si la conjoncture l'exigeait, comme nous l'avons vu au chapitre 2 quand il a été question de l'interprétation libérale des droits sociaux.

Le second facteur de reconversion de l'économie mixte, c'est le défi posé par l'endettement des pouvoirs publics. À compter des années 1970, on assiste à la montée de critiques de plus en plus fortes contre les niveaux d'endettement des gouvernements. Mais ces niveaux ne posaient pas de problèmes particuliers *en eux-mêmes,* aussi longtemps que les pouvoirs publics assumaient un rôle croissant dans l'économie, ce qui les conduisait à accaparer une part grandissante de la richesse collective. La remise en cause du rôle des pouvoirs publics passera par la dénonciation des niveaux d'endettement pour deux raisons principales. D'abord à cause de la montée en puissance des marchés financiers, dans la foulée de la déréglementation opérée par le président Ronald Reagan, déréglementation qui pousse les intermédiaires financiers non seulement à exiger de meilleurs rendements sur les prêts qu'ils consentent, mais surtout à chercher de nouveaux débouchés pour les investissements; ensuite, parce que l'étendue même du domaine public en accroît l'attrait aux yeux des investisseurs, ce qui augmente les pressions en faveur de privatisations susceptibles d'offrir de nouvelles occasions d'investissements.

Le troisième ensemble de facteurs ayant contribué à discréditer l'économie mixte peut apparaître trivial quand on le compare aux deux autres mais il ne l'est pas : il s'agit de l'extension du domaine des négociations commerciales internationales au secteur des services. On se souviendra que la démarcation de départ entre deux marchés, un marché mondial et un marché national, reposait en définitive sur une distinction entre deux types de produits, les marchandises et les services. Tout au long de son histoire, l'économie politique avait soutenu et maintenu que la différence fondamentale entre une marchandise et un service tenait au fait que seule la première était dotée de la faculté de circuler, tandis que la circulation d'un service impliquait celle de son praticien. C'est ce qui distingue par exemple la circulation d'une brosse à cheveux de celle de la coupe de cheveux. Dans cette perspective, on saisit, en rétrospective bien sûr, dans quel curieux paradoxe étaient enfermés les architectes de l'ordre économique d'après-guerre : ils pouvaient fort bien concevoir une circulation des marchandises à l'échelle mondiale mais ils ne pouvaient concevoir la circulation des services qu'à l'échelle interne puisque celle-ci renvoyait d'entrée de jeu à la circulation d'un *autre* facteur de production, la main-d'œuvre. Nous voyons alors que ce qui pouvait sembler trivial au point de départ apparaît crucial à l'arrivée : c'est toute la question des progrès technologiques qui est en cause ici et, en particulier, des nouvelles technologies qui ont permis de dissocier les services de leurs exécutants, ce qui, du coup, leur octroie désormais une mobilité en tout point comparable, ou peu s'en faut, à celle que connaissaient déjà les biens et les marchandises. Ce fut le cas, au départ, des services bancaires, d'assurance et de fiducie, mais cela s'étend aujourd'hui à d'autres services, comme l'éducation et la santé. Cette transformation est cruciale pour une autre raison, qui est liée à l'extension, pour ne pas dire à l'universalisation, de la notion de service elle-même, qui couvrira un ensemble de plus en plus grand et hétérogène de domaines et de secteurs. Si, au départ, la notion de service couvrait les services personnels, les services aux entreprises ou les services financiers, on étend de plus en plus la notion de service à toutes les fonctions publiques, qu'il s'agisse de santé, d'éducation, d'incarcération, d'infrastructure routière, etc. Le glissement sémantique alors mis en marche prépare la transformation des droits sociaux en services sociaux, passage qui permet ensuite leur transfert du domaine public au domaine privé. Ces trois ensembles de facteurs nous montrent bien que ce qui se profile derrière ces reconversions est moins *un* prétendu déclin qui affecterait de manière uniforme l'ensemble des fonctions et responsabilités assumées autrefois par l'État-providence, que la mise en place d'une nouvelle économie politique qui sanctionnerait un autre type de *mixité*. Cette économie mixte n'aurait plus grand-chose à voir avec la précédente, et la notion de *mixité* ne renverrait pas dans ce cas-ci à l'idée d'une gestion ou d'un contrôle issus des pouvoirs publics, mais à l'établissement d'une nouvelle interface entre les domaines public et privé de production et de distribution des biens publics et des services. Contrairement à l'économie politique inspirée de Keynes, qui liait la poursuite d'un bien-être ou d'un mieux-être collectif au compromis politique noué entre des partis et des acteurs économiques nationaux, la nouvelle économie politique vise essentiellement à accroître la richesse grâce à la mise en place d'un nouveau partenariat à deux, entre milieux politiques et milieux d'affaires.

La grande permutation : de la responsabilité collective à la responsabilité individuelle

La Commission Macdonald avait vu les choses de manière fort claire quand elle avait poussé la critique du keynésianisme du côté de la redéfinition des responsabilités étatiques. Cette redéfinition devait conduire au dépassement d'une approche fondée sur la distinction entre l'aptitude et l'inaptitude au travail, distinction définie par Beveridge, parce que ce genre de préoccupation plaçait l'intervention de l'État en marge des exigences de l'ordre du marché. Par conséquent, dans sa volonté d'arrimer plus intimement la gouverne étatique à l'univers marchand, la Commission introduisait dans l'analyse la notion de risque individuel, réintégrant par là une des exigences de la vision individualiste propre au contractualisme classique. En vertu de cette approche, l'adaptation aux contraintes du marché comporte des risques dont la responsabilité doit être assumée conjointement par le gouvernement et par l'individu. L'idée de partage de responsabilités repose sur la sanction d'une nouvelle rationalité qui accorde moins d'importance à l'existence passée, présente ou future d'un contrat de travail, mais qui sanctionne plutôt une attitude générale vis-à-vis du travail. En conséquence, ce qui se trouve concerné à cette occasion, ce n'est pas le statut d'un citoyen ou d'une citoyenne en tant qu'ancien travailleur ou employé mis à pied, par exemple, mais bien son comportement vis-à-vis du marché du travail dans son ensemble. Entrer sur le marché du travail, ou en sortir, cela comporte nécessairement des risques liés, entre autres facteurs, à la concentration industrielle tout autant qu'aux mésadaptations des formations individuelles, et il appartient aux individus concernés d'ajuster leurs comportements de manière à satisfaire ces exigences, quelle que soit l'emprise qu'ils peuvent ou non avoir sur l'ordre des contraintes s'abattant sur eux.

Nous glissons à cette occasion de la gestion de sujets de droit ou de sujets méritants ou même de sujets dans le besoin, à la gestion des attitudes et des comportements face à un ensemble indifférencié et indifférent. Dans ces conditions, la socialité elle-même se dissout dans les exigences issues de l'ordre du marché, de sorte que la société, ses acteurs et ses politiques sont placés en complète subordination par rapport à une économie qui n'a plus de nationale que le nom, mais qui est en fait une économie globale.

Ce glissement pose dès lors deux ordres de problèmes qui relèvent en fait d'une problématique passablement différente

de celle à laquelle nous faisions face antérieurement. En effet, il
ne s'agit plus de fonder et de sanctionner l'universalité d'accès
au statut de citoyen dans l'État à partir de la capacité d'entrer
dans un rapport collectif de travail et de contribuer, ce faisant,
à l'approfondissement de la solidarité nationale. Il s'agit plutôt,
sous le prétexte d'universaliser l'accès au marché du travail et
de libéraliser à l'extrême la prestation de services, de revoir en
profondeur les rôles et fonctions des grandes missions étatiques, qu'il s'agisse de gestion de l'économie et du travail, ou
de l'éducation et de la santé, à travers lesquelles s'exprimaient
naguère les rapports de solidarité sociale. L'État se trouve dès
lors placé dans une relation verticale originale par rapport au
citoyen, puisqu'il définit et circonscrit les modalités d'accès à
une *nouvelle* citoyenneté marquée du sceau de la compétivité,
en lieu et place du renforcement de la solidarité nationale dans
laquelle il était engagé auparavant.

C'est d'ailleurs en ce sens que les paramètres de cette nouvelle étatisation n'ont plus grand-chose à voir avec les interventions de l'État-providence fondées sur les approches libérales du droit social et du besoin. Ces paramètres induisent
une profonde redéfinition de la « sociation », comme on disait
naguère, articulée désormais au marché d'un côté, à une charte
des droits de l'autre. En d'autres termes, l'État ne répond plus
de ses actions devant une société politique, mais bien devant
une société civile.

La redécouverte de la société civile

Pour comprendre la réémergence de l'idée de société civile
dans le contexte de l'après-*guerre froide*, il faut poser autrement le problème auquel les architectes de l'ordre mondial ont
fait face à l'aube des années 1940. J'ai noté plus haut que la
poursuite d'un objectif de politique économique comme le
plein emploi ne reposait pas seulement sur les épaules du pou-

voir politique mais sur des compromis et des négociations de nature essentiellement politique entre des acteurs politiques et sociaux. En ce sens, l'État ne sanctionnait pas une conception essentialiste du bien commun qui aurait permis de poser et d'imposer sa vision des choses à l'ensemble de la société, comme cela se produit sous des régimes dogmatiques et autoritaires ; il s'engageait plutôt dans la voie des compromis de nature politique et électoraliste. Mais il y a plus. L'approche libérale à la poursuite d'un bien-être collectif ne reposait pas seulement sur la négociation de compromis entre des groupes sociaux organisés, qu'il s'agisse de patrons et de syndiqués, bref, sur le tripartisme : elle reposait *en même temps* sur la défense et la promotion des intérêts individuels, non pas tellement d'ailleurs en tant qu'intérêts des individus mais en tant qu'intérêts des propriétaires.

En d'autres termes, l'arbitrage entre la promotion du bien commun et des intérêts particuliers transitait par *le* politique qui traversait alors de part en part la société. Dans ces conditions, l'État — ses gouvernements central, intermédiaires et locaux — confiait des mandats à des institutions, à des juridictions et à des administrations qui assumaient la tâche de promouvoir le bien commun et de défendre l'intérêt public.

Le politique n'appartenait donc pas en propre à l'univers de l'État : il le précédait, constituant et représentant déjà une certaine façon de penser et de défendre les intérêts individuels et ceux des groupes, depuis l'intérieur de la société elle-même en quelque sorte. Société civile et société politique, pour reprendre une distinction chère à Gramsci, ne renvoyaient dès lors pas à deux espaces étanches, mais à deux façons d'envisager une même institutionnalisation du social sous l'égide du droit : le point de vue juridique et le point de vue politique. On retrouve d'ailleurs ces dimensions dans les deux significations que revêt la notion de « public », qui renvoie alternativement : 1. à l'ordre public au sens du droit civil ou du droit pénal, ce dont il est question quand on empiète sur les droits d'un propriétaire, par exemple ; ou 2. à l'ordre public au sens politique du terme, ce dont il est question quand on étatise ou quand on nationalise un bien ou un service.

En ce sens, l'inscription première du politique le plaçait au cœur de la société civile puisque tous les sujets de droit étaient en même temps des citoyens qui ralliaient plus ou moins consciemment un certain ordre sociopolitique et les institutions qui le portaient. Sur un plan plus substantiel, le politique était constitué des divers points de vue sur l'intérêt général. Ces points de vue inscrits dans le prolongement des intérêts individuels ou groupés qui leur servaient de fondement, mais placés en surplomb par rapport à eux, prétendaient de ce fait atteindre l'universel ou, en tout cas, prétendaient promouvoir l'intérêt général. Pratiquement ces points de vue gagnaient leur pleine autonomie programmatique lorsqu'ils empruntaient la forme de projets politiques repérables et identifiables portés par des organisations spécialisées à ces fins. Historiquement, ce sont les partis politiques qui ont servi à établir le lien entre la société *civile* en tant qu'association des intérêts individuels ou groupés, et la gestion de ces intérêts en vue de la promotion d'une certaine vision de l'intérêt général. Les partis occupaient dès lors une position centrale : ils permettaient aux individus d'être et d'agir comme sujets *et* comme citoyens, tout en permettant aux intérêts groupés de se définir *politiquement,* c'est-à-dire en tant que points de vue d'où l'intérêt public pouvait être envisagé.

Pour étudier la nature du rapport instauré dans l'après-guerre entre la société civile et l'État, il faut aussi tenir compte de tous ces arbitrages politiques engagés à l'instigation d'une pluralité d'acteurs politiques et sociaux : ce sont eux qui, cheminant à la faveur de partis et d'autres organisations, opéraient le passage à la gouverne politique.

Les assemblées parlementaires et autres pouvoirs législatifs — placés entre les sollicitations des citoyens et de leurs groupes, d'un côté, et les pouvoirs exécutifs et ceux des administrations publiques, de l'autre — ont alors la tâche d'arbitrer les différentes approches à la définition du bien commun et les différentes manières de le promouvoir. On voit pourquoi, des trois pouvoirs, c'est le pouvoir législatif qui aurait dû servir de tête de pont entre les revendications politiques issues de la société civile et la gestion de l'État.

Or, depuis la fin de la *guerre froide,* nous assistons à une récupération tout à fait originale de la notion de société civile. À la faveur de la reconnaissance des intérêts individuels et groupés de ses membres, en tant que purs et simples intérêts corporatifs séparés de ceux des autres, la société civile est en quelque sorte vidée de son contenu politique. Font ainsi partie de la société civile, sur un pied d'égalité, aussi bien les banques, les chambres de commerce, les entreprises, les universités, les syndicats que les groupes populaires[1]. Cette dépolitisation est imputable à deux causes distinctes : 1. une véritable calcification des partis politiques eux-mêmes, qui sont de moins en moins des lieux de débats mais servent plutôt de marchepied vers le pouvoir ; 2. le déclin de l'institution parlementaire, qui est de moins en moins en mesure d'effectuer tous ces arbitrages politiques entre les prétentions et autres revendications politiques issues de la société civile. Mais qu'est-ce que la société civile aujourd'hui, sinon ce cadre de légitimation des intérêts particuliers imposé par des pouvoirs politiques qui cherchent par tous les moyens à éviter qu'ils convergent et en viennent à constituer un intérêt général ? Ce à quoi on se réfère quand on évoque la notion de société civile aujourd'hui, c'est une entité dépolitisée qui répond directement de ses revendications individualistes ou groupées à des pouvoirs exécutifs. Le pouvoir exécutif, en se plaçant en prise directe sur la société civile, contourne ainsi les pouvoirs législatifs et prend ses distances par rapport à ceux et celles à qui il devrait rendre des comptes ; il se trouve alors à renforcer considérablement son pouvoir régalien et, du coup, à promouvoir et à pratiquer une démocratie minimaliste.

La dimension interne de l'ordre global

Nous avons vu que la mondialisation consistait en la construction d'une pluralité d'économies nationales partagées ou découpées en autant d'espaces qu'il y avait d'États. En ce sens, l'État représentait ni plus ni moins que la clef de voûte du projet de mondialisation. En revanche, la globalisation représenterait un véritable projet alternatif par rapport au projet de mondialisation dans la mesure où elle signalerait l'arrivée en force d'une approche sinon anti-étatique, du moins largement méfiante vis-à-vis du politique en tant que tel, et fort complaisante à l'égard de l'économie de marché. Ce projet de globalisation exige donc une redéfinition des fonctions de l'État et un repositionnement de sa part vis-à-vis des entreprises multinationales.

Ainsi, le passage de la mondialisation à la globalisation peut être interprété, à un premier niveau, comme une véritable permutation dans les rôles dévolus respectivement à l'État-nation et aux sociétés transnationales (STN) dans l'édification d'une économie-monde. Alors que l'édification de l'économie nationale était au centre des préoccupations de l'État, le déploiement des filières de production et leur positionnement sur les marchés étrangers est aujourd'hui au centre des stratégies des STN. C'est pourquoi le passage de la mondialisation à la globalisation peut aussi être interprété, à un deuxième niveau, comme une révision majeure de l'économie politique des États, qui agissent désormais de manière à favoriser la transnationalisation des firmes et entreprises situées sur leur territoire.

Cependant, ce passage de la mondialisation à la globalisation est également porteur d'effets inédits aussi bien sur les normes appliquées et sanctionnées dans l'espace national que sur les comportements et les initiatives des acteurs collectifs et des organisations. Sur le plan des normes, l'intervention régulière et soutenue des pouvoirs publics dans l'économie et la société a eu un effet déterminant sur l'ordre social : à côté d'un espace privé d'accumulation de capital et des espaces privés de la consommation des biens et services, ces interventions cumulées ont contribué au développement d'un espace public de plus en plus organisé et structuré autour de la reconnaissance, de la défense et de la protection de toute une panoplie de droits collectifs. En ce sens, on peut dire du projet de mondialisation qu'il instituait un territoire national relativement homogène sur le plan normatif. Cette homogénéité reposait sur une démarcation liminaire forte entre deux espaces : un espace privé de valorisation et d'accumulation du capital, qui relevait de l'initiative privée et qui était essentiellement géré par des agents privés opérant sous l'égide du droit privé ; et un espace public de gestion, de redistribution et d'allocation publiques de biens et de services qui relevait des pouvoirs publics — central, infra-étatique ou local — et qui opérait sous l'égide du droit public.

L'État avait ainsi le mandat et la responsabilité de maintenir cette démarcation entre les ordres privé et public, c'est-à-dire d'arbitrer les prétentions respectives des droits individuels et des droits collectifs, tout en étendant le nombre et les domaines de ses implications dans l'espace public. Semblable arbitrage s'est cependant avéré intenable à la longue. Certes, le cumul des interventions publiques a contribué à étendre et à intensifier la production et la distribution nationale ou étatique des biens et services publics ; il a également contribué, jusqu'à un certain point en tout cas, à universaliser la distribution des biens et services publics. Cet arbitrage n'a pas réussi pour autant à favoriser ni à assurer une complémentarité durable entre une production et une distribution « nationales » des biens et services issus des secteurs privés de l'économie. En d'autres termes, l'État et ses institutions, en tant que garants et gestionnaires d'un espace public de production et de redistribution, ont pu, jusqu'à un certain point, instaurer une justice sociale relative ; il n'en allait toutefois plus de même à l'intérieur de l'espace privé, dont la logique de croissance et de développement portait plutôt ses acteurs à transnationaliser leurs pratiques, leurs stratégies et leurs filières de production, de sorte qu'en fin de compte, leurs allégeances allaient être de moins en moins étatiques ou nationales ou même internationales, mais bel et bien « globales » : elles allaient fonctionner et opérer en relative autonomie par rapport à la division classique entre le national et l'international, misant plutôt sur l'établissement de liens latéraux directs d'un secteur privé à un autre secteur privé situé dans un pays tiers.

La mondialisation a ainsi pu favoriser une intégration relative et une certaine complémentarité entre les espaces public et privé de production et de distribution. Cette intégration et cette complémentarité reposaient essentiellement entre les mains de l'État, maître d'œuvre de l'arrimage entre l'économie et la société nationales. Mais le projet de la mondialisation n'a pu être maintenu et s'est trouvé, depuis peu, menacé par l'émergence d'un projet alternatif qui tend de plus en plus à en saper les bases et les fondements.

C'est pourquoi le projet de globalisation apparaît d'abord et avant tout comme une complète remise en question de certaines formes classiques de régulation de la part de l'État et des pouvoirs publics, qu'il s'agisse de pouvoir central, infra-étatique ou local. Ce qui est attaqué à cette occasion n'est en effet rien de moins que la légitimité et le bien-fondé d'une production et d'une distribution collectives ou publiques de certains biens et services engagées à l'instigation de ces pouvoirs publics. Cependant, cette remise en cause reflète avant tout l'échec de l'arbitrage antérieur entre droits collectifs et droits individuels, sur les plans national et international.

Nous avons une confirmation de cela dans le fait que la globalisation entraîne un double mouvement de défense et de promotion des droits. Une véritable transnationalisation des espaces privés de production accompagne ainsi la réduction de l'espace public et la marginalisation des droits collectifs. Ce double mouvement a pour effet de conduire à une transnationalisation des droits privés, tandis que les droits collectifs, de plus en plus précarisés, relèvent encore et toujours des prérogatives de l'État-nation. Cette double contrainte vient introduire un « désencastrement » de l'économie nationale pour reprendre l'expression de Polanyi[2]. L'économie opère ainsi de plus en plus sous l'empire de normes transnationales ou multilatérales, tandis que les sociétés nationales se trouvent de plus en plus subordonnées aux normes imposées par l'État et ses pouvoirs publics.

Dans cette perspective, la globalisation reposerait sur deux processus : une extension des droits privés, qui permet l'ouverture de nouveaux espaces de production, et une redéfinition des droits collectifs, qui devrait permettre d'harmoniser des espaces publics toujours susceptibles d'entrer en collision avec les premiers.

La dimension externe de l'ordre global : de la gouvernabilité à la gouvernance

Le passage d'un ordre mondial à un ordre global apparaît bien évidemment avec le plus de force à l'échelle internationale. Je veux maintenant l'illustrer en présentant deux exemples qui apparaissent comme d'importants révélateurs des transformations en cours : celui de la Commission Trilatérale (CT) et celui du Forum économique mondial (FEM).

La première initiative est intéressante parce qu'elle marquerait la naissance de la globalisation, une naissance prématurée puisqu'elle intervient en pleine *guerre froide*. Tout se passe en effet comme si les grandes institutions économiques, le FMI et la Banque mondiale, de même que les tribunes mises en place dans l'après-guerre, comme l'ONU, étaient devenues dysfonctionnelles. Résultat : les élites économiques et les élites politiques sont toutes deux arrivées à la conclusion que ces institutions et tribunes ne pouvaient plus répondre aux nouveaux défis qui se présentaient à elles. Au départ, la Commission lie de manière forte la *gouvernabilité,* comme on dit alors, à la démocratie. Pourquoi et comment ces deux questions sont-elles liées ?

Elles le sont essentiellement parce que la cause première de ces mesures, la guerre au Vietnam, et des causes secondes, comme la poursuite des luttes de libération nationale en Afrique, en Asie et dans les Amériques, ont des effets économiques, politiques et sociaux importants sur les pays du premier monde[3]. En plus d'accentuer l'inflation, la précarité et l'exclusion, ces événements poussent à la formation de mouvements de contestation à travers la planète qui remettent en cause les politiques des pouvoirs en place. C'est dans ce contexte politique passablement survolté que l'on assiste en 1973 à la création de la Commission Trilatérale dont l'une des premières initiatives sera de commander une étude sur le problème de la « gouvernabilité des démocraties[4] ».

Mais c'est l'unilatéralisme américain en matière de politique économique *internationale,* afin de mettre un terme à l'ordre économique mondial tel qu'il avait, vaille que vaille, en cours jusque-là, qui rend *de facto* de plus en plus inopérantes les organisations et autres tribunes internationales où l'on disputait de ces questions. Cette remise en cause du rôle des tribunes politiques et économiques internationales s'effectue au moment même où les pays nouvellement indépendants du Tiers-Monde prennent conscience de leur force politique collective, alors qu'ils disposent désormais de la majorité des voix à l'Assemblée générale des Nations Unies. Elle révèle un changement majeur de stratégie de la part des États-Unis et des pays développés, qui créent alors de toutes pièces des organisations parallèles à celles qui existaient déjà à l'échelle mondiale.

À l'intérieur de la CT, les élites économiques et politiques des trois pôles de l'économie *mondiale* — l'Amérique du

Nord, sans le Mexique à l'époque, la Communauté économique européenne et le Japon — devaient avoir les cou-
dées franches pour « promouvoir la coopération entre alliés
internationaux », pour reprendre l'expression de son fondateur, David Rockefeller[5]. On admettait du coup que les organisations internationales et régionales existantes n'étaient
plus adaptées à cette fin ; on admettait également que l'État-
nation ne l'était pas davantage, parce qu'il n'était pas en
mesure de canaliser les revendications et d'atténuer les critiques qui lui étaient adressées par les acteurs sociaux sur
son territoire. On admettait, en d'autres termes, que le *gouvernement des démocraties* ne pouvait plus composer avec le
gouvernement *et* avec la démocratie : il fallait donc dissocier l'un de l'autre si l'on voulait passer à des formes toujours plus efficaces de production de la richesse. Dans le cas
qui nous concerne ici, le recours à la création de la CT prend
tout son sens quand on rappelle que c'est de là que viendront les recommandations qui conduiront à la redéfinition
des mandats du FMI. La gouvernabilité et, plus tard, la gouvernance, apparaissent ainsi comme des réponses à l'incapacité dans laquelle on se trouvait de respecter les règles et exigences de la démocratie représentative et, en particulier, les
exigences en matière de responsabilité, de reddition de
comptes, de transparence et de publicité des débats. Nous
assistons en fait à la mise en œuvre d'une stratégie de contournement de l'exercice de leurs revendications légitimes de la
part des organisations et autres mouvements sociaux. Cette
stratégie conduira bientôt à la marginalisation des débats
publics — sur les deux plans, international et national — et
des assemblées parlementaires.

Faute de pouvoir faire avancer la compréhension mutuelle
et la coopération à l'intérieur des entités créées à cette fin,
sont mises sur pied des entités parallèles qui ne répondent
plus de leur action ni de leur réflexion devant le *public,* mais
devant des *invités,* Cette stratégie prendra de plus en plus

d'importance avec la création du groupe des six pays les plus avancés, le G-6, au cours d'une rencontre convoquée à Rambouillet par le président français Valéry Giscard d'Estaing, en 1975. Le groupe deviendra le G-7 avec l'entrée du Canada lors du Sommet de Puerto Rico, en 1976, et le G-8, à la suite du Sommet de Denver, en 1997[6]. Cette démarche a également été sanctionnée au niveau sectoriel à l'occasion du Sommet de Tokyo, en 1986, avec la convocation de réunions périodiques des ministres des Finances et des gouverneurs de banques centrales du G-7, qui se réunissent depuis lors quatre fois l'an.

Ces initiatives constituent autant de nouveaux relais introduits dans l'exercice de leurs prérogatives par des pouvoirs constitués. Ces relais servent à établir des consensus politiques et à tracer des pistes d'action à côté et en dehors des instances délibérantes légitimes habilitées à cette fin. Cette stratégie est dotée d'une redoutable efficacité à l'extérieur comme à l'intérieur. Elle permet aux pays riches de faire front commun *avant* de se présenter devant les assemblées délibérantes et autres rencontres internationales ; elle leur permet également d'imposer ces contraintes en politique intérieure, comme s'il s'agissait de contraintes issues de compromis multilatéraux négociés de manière ouverte et transparente. Mais ces relais sont dotés d'une efficacité maximale, surtout depuis que la gestion de l'économie politique s'est engagée dans la voie de la libéralisation extrême des marchés, quand ils placent côte à côte les élites politiques et les gens d'affaires, comme c'est le cas pour la CT et comme c'est aussi le cas pour le Forum économique mondial (FEM), convoqué pour la première fois à Davos en 1971[7]. À compter de 1982, le forum achemine ses invitations auprès des organisations économiques internationales comme la Banque mondiale, le FMI et le GATT, ce qui explique qu'il ait joué un rôle important dans la mise sur pied du Cycle de l'Uruguay[8], qui devait déboucher sur la création de l'OMC en 1994, et dans le lancement des négociations de l'ALENA.

Conclusion

L'État-providence a été édifié sur une extension sans précédent des prérogatives publiques dans les domaines économique et social, ce dont témoigne avec éloquence la croissance et la démultiplication des administrations publiques et parapubliques. Or, si l'on s'accorde sur l'importance de ce phénomène sur le plan national, on omet parfois de le lier à celui, tout à fait concomitant, d'une extension parallèle des prérogatives de l'État sur le plan international. Cette extension a vu les États-nations déléguer une panoplie de prérogatives à leurs représentants et autres plénipotentiaires auprès d'organisations internationales engagées dans une foule de domaines, comme l'éducation, la santé, la salubrité, la culture, l'immigration, l'enfance, la criminalité, la sécurité, etc. La double reconstruction intérieure et extérieure de l'État a donc produit une véritable internationalisation des institutions et des normes, non seulement dans les secteurs de l'économie et de la finance, mais également dans ceux de l'éducation, de la santé, de la protection du patrimoine, de la pêche, de l'environnement, des normes de travail, des droits humains. Nous avons ainsi assisté à la formation d'une administration publique internationale financée et soutenue par les États-nations les plus riches. En juxtaposant à ce phénomène celui de la croissance des organisations non gouvernementales, elles-mêmes financées en partie par les États, nous voyons que la mondialisation et la globalisation, par après, sont bien le produit d'une certaine internationalisation de l'action étatique. Cependant, cette extension des prérogatives régaliennes des États sur le plan mondial a contribué à les placer dans une position paradoxale puisqu'elle a pour effet, en retour, d'entraver leur liberté d'action et leur marge de manœuvre sur le plan interne.

C'est donc à tort que l'on interprète la mondialisation des fonctions étatiques des pays riches comme un phénomène réduisant la puissance de l'État sur le plan national, si cette prétendue réduction n'est autre chose que le résultat d'une extension de leurs prérogatives vers l'extérieur. À tort, disons-nous, dans la mesure où l'enjeu ne peut plus résider dans une simple récupération de ces prérogatives et dans un retour au nationalisme économique, politique et social. Il résiderait plutôt dans l'approfondissement d'une internationalisation assumée, en vertu de laquelle des normes minimales de justice, d'égalité et de prospérité devraient désormais être promulguées et sanctionnées à l'intérieur d'institutions démocratiques et légitimes au niveau international.

Le passage à la globalisation induit des transformations profondes surtout liées au fait que le projet de globalisation est porté par trois acteurs : les États, les organisations internationales et les grandes entreprises, qui fonctionnent désormais en synergie les uns avec les autres. Cette nouvelle alliance lie désormais les gouvernements centraux des pays les plus riches (en particulier, les membres du G-8), l'OCDE, les grandes organisations économiques internationales (comme le FMI, la Banque mondiale et l'OMC, les pays riches ayant la prépondérance des voix dans les deux premiers cas) et, enfin, les STN, qui sont de plus en plus et de mieux en mieux organisées en groupes de pression, groupes dûment consultés par les gouvernements, pour la définition de la politique intérieure, et par les organisations internationales, pour la préparation des cadres normatifs sur le plan global. Dans son discours de 1998 à la Conférence de Davos et afin de pousser encore plus haut cette collaboration, le secrétaire général des Nations Unies, Kofi Annan, appelait d'ailleurs les hommes d'affaires et les grandes organisations patronales internationales à coopérer plus étroitement avec l'ONU et à soutenir activement ses missions dans le monde. Cet appel était révélateur d'un phénomène beaucoup plus grave : le déclin du système de l'ONU, qui avait joué un rôle prépondérant tout au long de la *guerre froide*.

Ce déclin illustre lui aussi, à sa manière, une forme de dépolitisation de l'espace public international. Il est visible dans la réduction de la marge de manœuvre de l'ONU, imputable en bonne partie au recours de plus en plus systématique à l'unilatéralisme agressif de la part des États-Unis. Mais il se reflète également dans la remontée en puissance des organismes internationaux à vocation économique, comme la Banque mondiale, le FMI et l'OMC. Alors que ces organismes avaient été envisagés et conçus, au départ, à l'intérieur du système mondial, nous les voyons de plus en plus assumer un rôle tout à fait autonome, au point de nouer des ententes avec des pays vis-à-vis desquels l'ONU a pu décréter des sanctions économiques, comme ce fut le cas il y a quelques années avec l'Afrique du Sud[9]. Ce déclin se réflète également dans la prolifération des tribunes internationales occupées et contrôlées exclusivement par les pays riches, à l'instar de l'OCDE et du G-8, mais aussi de la Commission Trilatérale. Ces initiatives, dont on a sous-estimé l'impact sur l'ordre mondial, en viennent maintenant à se prononcer sur le mode de gestion des grands agrégats économiques, en dehors de toute référence aux objectifs de répartition et de bien-être social présents au moment de la définition des paramètres de l'ordre d'après-guerre.

Le dernier indicateur des transformations en cours, et non le moindre, est sans doute l'émergence du Forum économique mondial (FEM) comme tribune globale. On a parfois tendance à ne voir dans le rituel du FEM qu'une *simple* rencontre annuelle où l'élite économique côtoie l'élite politique. C'est une grave erreur. Au cours des ans, le FEM en est venu à assumer un rôle de plus en plus déterminant dans la définition des grands paramètres de la gestion de l'économie mondiale. Avec le déclin du système des Nations Unies et la redéfinition des missions des grands États membres du G-8, le FEM est désormais stratégiquement placé entre les deux : c'est sous son égide et sous sa gouverne que sont préparés et définis les lignes directrices et les principes qui seront ensuite acheminés et mis en œuvre aussi bien par le tandem FMI/Banque mondiale, que par le G-8 lui-même.

Nous voyons ainsi se mettre en place à l'échelle globale une architecture qui tend à se substituer à celle qui a été érigée sous l'égide des Nations Unies durant les années 1940. Cette architecture instaure un nouveau régime qui, loin de privilégier la publicité des débats, l'ouverture et la responsabilité, opère désormais dans le secret, la clandestinité et la connivence.

CHAPITRE 7

Consultation ou contestation : les mouvements sociaux dans la globalisation

J'ai développé mon argumentation jusqu'à maintenant sans tenir compte du rôle qu'ont joué les acteurs sociaux dans la mondialisation. Je voudrais maintenant compléter l'analyse en y intégrant cette dimension, car c'est bien à partir de là que nous serons en mesure de comprendre et d'expliquer la place et le rôle des mouvements sociaux dans la globalisation. Mais, avant de procéder, je veux montrer en quoi et comment la prise en compte de cette *autre* réalité s'inscrit dans la démarche qui a été suivie jusqu'ici.

Cette démarche, on s'en souviendra, reposait sur l'idée de *pensée constituante*, qui servait à mettre en lumière la logique d'ensemble soutenant les cadres normatifs et institutionnels autour desquels l'ordre d'après-guerre avait été échafaudé aux deux échelles, internationale et nationale. Mais ce n'est jamais à la pensée en tant que telle et à elle seule, quelle que soit sa force intrinsèque ou sa puissance de séduction, que l'on peut imputer un tel ascendant sur des normes et des institutions. Il faut que cette pensée soit portée et soutenue par un pouvoir, et c'est l'exercice de ce pouvoir qui rend pleinement compte de l'empire et de l'emprise d'une théorie, d'une doctrine, d'une philosophie ou d'un principe sur des cadres normatifs et sur des institutions.

L'influence des thèses de Keynes et de Beveridge, tout comme l'attrait qu'exerce sur les esprits l'argumentaire ultralibéral, ne sont pas imputables uniquement à leurs auteurs. Ils dépendent d'abord et avant tout de la capacité des États et des gouvernements, des pouvoirs publics, mais aussi des associations, des organisations, des entreprises, des universités, des fondations et autres groupes de pression à les soutenir, à les défendre et à les imposer. Ce sont bien des *acteurs* qui ont construit l'ordre d'après-guerre et non pas des thèses. Cependant, l'acteur dont il a été surtout question jusqu'à maintenant était l'État. Et pour cause : l'ordre d'après-guerre a été pensé, négocié et construit par des représentants et des plénipotentiaires des États les plus puissants. C'est pourquoi, en tant que promoteur de cet ordre, l'État s'est renforcé et a gagné en puissance tout au long de l'après-guerre.

Mais que des plénipotentiaires de l'État ou des représentants d'organes de l'État, que des pouvoirs exécutifs, des commissaires et autres rédacteurs de rapports de commissions d'enquête se soient approprié une ou des pensées constituantes en vue de redéfinir les paramètres de leurs actions, de leurs programmes ou de leurs politiques, cela ne change strictement rien au fait que l'État lui-même est un *pouvoir constitué,* tout comme ses organes et ses commissions d'enquête. En tant que pouvoir constitué, la légitimité première et dernière de l'État repose sur un *pouvoir constituant,* c'est-à-dire sur un pouvoir d'où l'État tire non seulement sa légitimité mais aussi et surtout sa légalité ou, si l'on préfère, sa constitutionnalité. En dernière instance, ce pouvoir constituant, c'est le peuple qui le possède et qui l'exerce par l'entremise d'organisations, d'institutions, d'associations et de mouvements de tous ordres. Si les citoyennes et citoyens confirment les pouvoirs constitués dans leurs mandats et fonctions en déposant des bulletins de vote dans des urnes, ils pourraient aussi les *déconstituer*, c'est-à-dire remettre en cause ces pouvoirs constitués, une prérogative qu'ils exercent plus rarement.

Tout au long du XXe siècle, le pouvoir constituant s'est exercé de multiples fois : durant la guerre elle-même, bien sûr, mais aussi après, que ce soit au cours des luttes de libération nationale, des guerres civiles, ou lors de toutes ces tentatives, parfois fructueuses, parfois infructueuses, de renversements des dictatures et autres pouvoirs constitués. Parallèlement, le pouvoir constituant a été usurpé à de multiples reprises par des armées, des milices ou des partis.

En regardant les choses de cette façon, on voit que l'exercice du pouvoir constituant en tant que tel est un fait d'exception : en dehors des révolutions, des cas de guerre civile et d'autres conflits d'envergure, la légitimité et la légalité pleine et entière du pouvoir constitué sont présupposées. La légitimité et la légalité ne sont donc pas des attributs qui appartiennent en propre au pouvoir constitué du seul fait de sa longévité ou de sa puissance. Ce sont des *qualités* qui proviennent de deux sources distinctes : elles proviennent des élections et des modes de consultation appliqués durant l'exercice du pouvoir.

En amont, légitimité et légalité naissent, dans les cas d'exception, du moment fondateur au cours duquel le pouvoir constituant établit le pouvoir constitué dans ses fonctions ; dans les autres cas, elles sont attribuées à la suite d'élections tenues plus ou moins régulièrement, quand il y en a et s'il y en a. En aval, la légitimité et la légalité de la pratique du pouvoir constitué émanent, là encore, de deux sources distinctes : elles émanent, sur le plan constitutionnel, des dispositions des textes fondateurs qui prévoient les formes et modalités d'exercice du pouvoir et qui établissent les relations entre les pouvoirs exécutif, législatif et judiciaire ; elles émanent également des modes de consultation mis en place par le pouvoir constitué et ses

organes auprès des citoyens et des citoyennes, des organisations
civiles, communautaires ou militaires, bref, auprès d'autres
pouvoirs constitués. Cet *autre* mode de légitimation des pouvoirs constitués n'est pas moins important et indispensable que
le premier, celui qui est prévu dans les Constitutions. Cependant, les formes et modalités de son exercice sont, plus souvent
qu'autrement, inscrites dans des coutumes et marquées du
sceau de l'informalité. Mais il ne faudrait pas pour autant en
faire des pratiques aléatoires ou facultatives, bien au contraire.
La mise sur pied de commissions d'enquête, une pratique qui
nous vient du droit britannique, en constitue un bel exemple,
tout comme le recours aux commissions parlementaires de la
part des pouvoirs législatifs et des Parlements, une pratique qui
nous vient des « *hearings* », que l'on rencontre aussi bien au
Congrès des États-Unis qu'au Royaume-Uni et en France. Toutefois, il existe une forme *nouvelle* de consultation qui a été
sanctionnée dans l'après-guerre ; le tripartisme. Cette intiative
ne devait pas remplacer celles qui existaient déjà mais devait à
tout le moins suppléer au déficit de légitimité qui les grevait.

Cela dit, et contrairement à ce que soutient le discours du
pouvoir qui légitime les pratiques de consultation, la boucle ne
peut jamais être bouclée. Non pas tant à cause du nombre ou
de la provenance ou de l'indiscipline des acteurs collectifs,
comme on le prétend souvent, mais à cause des contradictions
inscrites tout autant dans la théorie libérale de l'État que dans
la pratique libérale de la démocratie, qui se disent et se veulent
foncièrement individualistes alors qu'elles sont, dans les faits,
discriminatoires vis-à-vis de certains groupes et complaisantes
vis-à-vis d'autres.

Malgré ces contradictions, nous avons vu que la consultation entre gouvernements, entreprises et syndicats apparaissait
à ce point importante aux yeux des fondateurs de l'ordre
d'après-guerre qu'ils avaient cherché à en sanctionner la pratique à l'intérieur du système de l'ONU, en créant un Conseil
économique et social de qui relevaient les agences et autres

organisations civiles de l'ONU. Dans l'après-guerre, plusieurs gouvernements ont eu recours au tripartisme dans la gestion interne des économies également. Je veux m'attarder à l'analyse du tripartisme au niveau national parce que c'est là que le recours à cette forme de consultation prend tout son sens, à la fois théorique et pratique, et parce que le tripartisme me servira de point de départ pour aborder la question des organisations et des mouvements sociaux.

Le tripartisme

Le tripartisme, c'est-à-dire la collaboration entre ces trois grands acteurs économiques que sont le gouvernement, le patronat et les syndicats, a joué un rôle important dans la sanction de l'économie mixte et la mise en place de l'État-providence. Qu'il ait été appliqué de manière ouverte ou sélective ou sous la forme du clientélisme, cette démarche a été sanctionnée dans plusieurs contextes nationaux en Europe de l'Ouest, au Canada[1] et en Amérique latine ; elle a même été incorporée dans le fonctionnement de quelques grandes organisations internationales. L'interventionnisme étatique inspiré des théories keynésiennes a été intimement lié au tripartisme, et ce, sur trois plans distincts et complémentaires. Sur le plan théorique, le tripartisme est inscrit au cœur de l'approche de Keynes ; sur le plan programmatique, il est vite apparu comme une condition légitimante essentielle à la construction de l'ordre d'après-guerre, tant à l'échelle nationale qu'à l'échelle internationale. Sur le plan institutionnel, le tripartisme a été incorporé dans le système de l'ONU et à l'intérieur de quelques grandes organisations internationales, encore que cette place se soit avérée très secondaire.

Le tripartisme est une pratique, voire une stratégie ou une tactique selon certains, qui est censée favoriser la consultation, la coopération ou la collaboration entre ces trois grands partenaires que sont les gouvernements, les entreprises et les salariés. Dans la culture politique européenne, le tripartisme désigne plus spécifiquement la coopération entre gouvernements, patronat et syndicats, et c'est le sens le plus courant que l'on donne à cette notion.

Historiquement, l'idée de rapprochement ou d'alliance entre ces trois grands acteurs, les pouvoirs publics, le pouvoir économique et les autres forces sociales est vague à souhait. Elle a donné prise à une panoplie d'idéologies plus ou moins compatibles, couvrant l'ensemble du spectre politique, depuis les options extrêmes de la droite, fondées sur le corporatisme et l'embrigadement des forces sociales, à celles de la gauche, fondées sur le nivellement des intérêts sociaux, les unes et les autres étant alors soutenues par un État totalitaire ou par un État autoritaire, bref, par des pouvoirs dictatoriaux ou despotiques. Cela étant, le tripartisme a revêtu une autre signification et il a assumé une portée nouvelle dans le contexte de la Seconde Guerre, surtout, essentiellement en tant que stratégie et en tant qu'idéologie de remplacement par rapport au corporatisme fasciste et au soviétisme. Il est alors apparu qu'un rapprochement entre ces trois grands acteurs sociaux s'imposait si l'on entendait réunir les conditions matérielles indispensables à la poursuite de l'effort de guerre lui-même.

C'est ainsi que, au plus fort de la Seconde Guerre, plusieurs gouvernements alliés, dont celui du Canada, se rendent aux demandes les plus pressantes issues du mouvement syndical en lui offrant une reconnaissance et une protection légales, à condition qu'il s'engage à renoncer à l'exercice du droit de grève pour la durée des hostilités. De plus, aussi bien aux États-Unis qu'au Canada, ainsi que dans d'autres pays, les représentants des syndicats siègent aux côtés des représentants des patrons dans les bureaux et autres instances responsables de la production de défense. Ce rapprochement n'est pas seulement dicté par les circonstances difficiles qui ont cours en temps de guerre ; il n'est pas seulement dicté, en d'autres mots, par la tactique et par l'idée de faire contrepoids au corporatisme sanctionné par les puissances de l'Axe. Pour montrer que ce n'est pas le cas, et pour contrer également une interprétation marxiste réductrice qui conteste sa légitimité et son effet utile au nom d'une vision qui oppose nécessairement la classe ouvrière et ses syndicats aux gouvernements et aux entreprises[2], je voudrais proposer une interprétation plus large du tripartisme.

Ma propre analyse cherche à situer l'enjeu du tripartisme au niveau même de la constitution de l'ordre d'après-guerre, et ce, quelle que soit l'importance de la manipulation politique à laquelle il donne prise et de la légitimité politique du consentement ainsi obtenu. En d'autres mots, loin d'être simplement une démarche inscrite dans la volonté des acteurs ou une approche fondamentalement incompatible avec la véritable mission du capitalisme, le tripartisme serait inscrit au cœur même du projet libéral interventionniste, c'est-à-dire au centre de la nouvelle théorisation de l'économie politique engagée à l'instigation de John Maynard Keynes dans sa *Théorie générale sur l'emploi, l'intérêt et la monnaie* de 1936. Si tel devait être le cas, le tripartisme assumerait alors une fonction véritablement *fondationnelle* dans la théorie de Keynes, qui avait été séduit par la démarche du ministre allemand de l'économie Hjalmar Schacht et par le succès de la reprise économique de l'Allemagne sous les nazis. Comme d'autres, Keynes n'avait pas seulement imputé cette réussite au contrôle des flux de capitaux imposés par le ministre, mais aussi à la stratégie corporatiste de rapprochement entre le capital et le travail engagé à l'instigation du pouvoir nazi.

Le tripartisme pourrait donc être envisagé comme le point de départ d'une réflexion qui entendait dépasser les limites inscrites dans l'approche libérale individualiste. Ce point de départ devait permettre, grâce à la poursuite des plus hauts niveaux d'emploi, d'opérer le renversement paradigmatique que Keynes allait effectuer vis-à-vis de ses devanciers. Le tripartisme pourrait aussi être envisagé comme le point d'arrivée, en ce qu'il permettrait d'établir la finalité de l'économie politique en tant que distribution optimale des revenus entre *facteurs* de production.

Or, le plus novateur dans le renversement opéré par Keynes n'est pas seulement la mise en relation d'un certain nombre de concepts économiques de base (facteurs de production, capital, travail, taux d'intérêt et emploi, entre autres), mais bien le glissement sémantique en vertu duquel ces concepts sont désormais investis d'une densité sociopolitique nouvelle et tout à fait originale pour un penseur qui s'inscrit encore et toujours dans une perspective libérale. Chez Keynes, en effet, la notion de capital renvoie au capitaliste et, au-delà, à la classe capitaliste, tout comme la notion de demande solvable est liée à l'idée selon laquelle le revenu du travail devrait être suffisant pour atteindre un niveau de consommation optimal. Cependant, c'est moins le souci vis-à-vis des niveaux de revenus des travailleurs ou des salariés qui préoccupe Keynes, que le fait que les capitalistes, les patrons et autres hommes d'affaires devraient « mettre au service de la communauté à des conditions raisonnables leur intelligence[3] ». La critique du libéralisme « classique » engagée par Keynes va donc beaucoup plus loin qu'on ne l'avait fait jusque-là, ce dont on peut prendre la mesure en consultant un ouvrage moins connu que *La Théorie générale,* qui est son *Laissez-faire and Communism,* publié en 1926. Dans une de ses interventions reprises dans cet opuscule, Keynes fait deux mises au point très significatives pour mon propos : il remet en cause l'idée centrale du libéralisme, pour lequel l'intérêt individuel coïncide avec l'intérêt social, et il impute ensuite le progrès social à l'émergence, entre l'individu et l'État, de corps sociaux semi-autonomes *(« semi-autonomous bodies »),* dont l'action est orientée vers la promotion du bien public. En d'autres termes, le tripartisme serait essentiel et indispensable à la promotion de l'intérêt public dans la mesure où il permettrait d'éviter deux écueils : le repli sur l'intérêt individuel et l'étatisation plus ou moins complète des moyens de production[4].

C'est à ce niveau-là *aussi* que Keynes apparaît inconséquent aux yeux d'Hayek. En tant que libéral non interventionniste, Hayek voit très clairement que les concepts économiques de capital et de travail sont de pures fictions économiques auxquelles on ne doit surtout pas prêter un contenu sociologique ou politique quelconque : ces concepts portent en effet et consolident une vision strictement individualiste d'un ensemble de relations entre individus formellement égaux et libres. L'interventionnisme conduit alors, par nécessité, à voir et à identifier des groupes et des ensembles là où il ne devrait y avoir que des intérêts individuels, ainsi l'interventionnisme reflète bel et bien l'« asservissement » de l'individu à des intérêts collectifs[5].

Le premier et le plus saisissant compromis qu'engage ainsi le libéral favorable à l'interventionnisme est celui d'envisager désormais l'État comme un capitaliste collectif, comme le définit Keynes lui-même. Le second compromis tout aussi inattendu est celui qui le conduit à situer l'individu à l'intérieur de l'un ou l'autre des deux groupes *universels* d'appartenance, le capital et le travail. On devrait, et l'on devra, se poser la question de savoir à quelle existence sociopolitique peut prétendre, dans ce schéma, celui ou celle qui ne répond pas à la définition de facteur de production : il va de soi que c'est uniquement l'insertion dans l'économie, c'est-à-dire dans le monde du travail rémunéré, qui à la fois fonde et soutient le tripartisme.

On voit alors que le tripartisme, loin d'être une simple stratégie, est bien plutôt un élément essentiel dans la configuration à la fois théorique et programmatique de l'ordre d'après-guerre, et ce, à l'échelle nationale tant qu'internationale. Il est à la fois un élément constitutif du cadre théorique et un élément essentiel dans son opérationnalisation, deux dimensions sur lesquelles je veux m'expliquer rapidement.

Quant à la place du tripartisme comme élément constitutif, il convient de rappeler à quel point les sociétés de l'entre-deux-guerres avaient dû faire face à la multiplication des

conflits sociaux et syndicaux. Ces affrontements appelleront
des solutions diverses, allant de la dissolution des conflits de
classes dans le communisme ou dans le fascisme, jusqu'aux
diverses voies d'accommodement à l'intérieur de l'une ou
l'autre variante de coopération, de collaboration, de participation ou de simple consultation entre les principaux acteurs
sociaux. Dans ces circonstances, il ne faudrait pas sous-estimer
l'étonnante attirance qu'exerçait sur les esprits et les pratiques
l'idéologie corporatiste, avec ses divers modèles d'aménage-
ment des rapports et relations entre patronat et syndicats, que
ce soit en Italie, au Portugal, en Espagne, ou même en Allemagne. Parallèlement, il ne faudrait pas non plus escamoter
l'impact des alliances sociales mises en place sous l'égide des
fronts populaires, comme ce fut le cas en France.

Le tripartisme joue ainsi un rôle important dans la théorisation de plusieurs des fondateurs de l'ordre d'après-guerre, et
chez Keynes en particulier, que ce soit de manière implicite ou
explicite. Implicite plutôt qu'explicite chez les théoriciens keynésiens, à cause de l'importance qu'ils accordent à la question
de l'emploi et à la répartition optimale des revenus entre les
deux facteurs de production, le capital et le travail; explicite
plutôt qu'implicite chez les praticiens du keynésianisme, dans
la mesure où la légitimité de l'interventionnisme étatique exige
une forme ou une autre de collaboration entre ces deux
acteurs sociaux, le capital et le travail.

Cela posé, non seulement le recours au tripartisme a varié
considérablement d'un contexte à l'autre, mais sa mise en
œuvre n'a pas su endiguer la montée des revendications
sociales même là où il a été suivi plus ou moins à la lettre. Cette
conséquence est sans doute imputable à trois causes : d'abord
aux modalités et formes de sanction du tripartisme; ensuite au
schéma théorique qui sous-tendait le projet d'économie
mixte; enfin, aux politiques et autres programmes mis en place
sous l'égide de l'État-providence.

D'un côté, le projet keynésien d'économie mixte rapproche deux facteurs de production, le capital et le travail, et les encadre au nom de la promotion de l'intérêt général, dans l'État. De l'autre, la réalisation du projet transformait ces deux facteurs de production et le gouvernement en *acteurs*. Cependant, à la fois maîtres de la théorie et maîtrisés par elle, ces trois acteurs se trouvaient du coup promus au rang d'acteurs *universels* à l'intérieur du périmètre de l'État-nation : *universels* en ce sens qu'ils étaient tous trois habilités, au nom de l'économie politique keynésienne, à occuper chacun un angle de l'espace économique *et* politique national, un positionnement qui les habilitait à défendre les intérêts de leurs membres ou de leurs électeurs, selon les cas, en tant qu'intérêts de la nation dans son ensemble. Dans un tel schéma, il convient de le souligner avec force, l'exclusion sociale, économique ou politique n'a aucun sens puisque tous et toutes sont également et indifféremment concernés par une division *objective* entre aptes et inaptes au travail. Cela n'a bien sûr pas été le cas car, comme nous l'avons relevé quand il a été question de l'État-providence, la nomenclature proposée par Beveridge n'avait rien de neutre ni d'universel dans son application, de sorte que le providentialisme induira des exclusions systémiques, en particulier auprès des femmes et des jeunes.

La fin du tripartisme

Parfois, la mise au rancart du tripartisme sera abrupte, comme ce sera le cas au Canada, quand le premier ministre Mulroney abolira le Conseil économique du Canada peu après son arrivée au pouvoir, en 1984. Dans d'autres cas, ceux du MERCOSUR et de l'UE, c'est la reconversion et la transposition du tripartisme au niveau régional dans les institutions communautaires qui aura cours[6].

On peut évoquer trois raisons au moins pour expliquer la mise au rancart ou la reconversion du tripartisme. D'abord, la légitimité économique de la consultation ne pouvait pas fonder *ipso facto* une quelconque légitimité politique nationale, de sorte que la convergence entre les trois acteurs sera d'autant plus fragile que leur prétention à l'universalité sera contestée et contestable. Si la question ne se posait pas pour l'État, elle se posait pour les gouvernements tout autant que pour le monde patronal ou le monde syndical. En effet, chaque gouvernement a ses propres « affinités électives », sa propre façon de gérer l'économie nationale et d'interpréter la poursuite du plein emploi, de sorte qu'il n'y pas *un* keynésianisme mais bien plusieurs variantes de keynésianismes qui seront appliquées au gré des conjonctures politiques et des allégeances partisanes.

Si les organisations patronales nationales sont fort tolérantes et complaisantes vis-à-vis du keynésianisme, aussi longtemps que l'enjeu central tourne autour de la reconstruction ou de la reconversion de l'économie nationale, très vite ce même monde des affaires privilégiera d'autres modes d'intervention dans la sphère politique et dans la sphère économique, tout en réduisant ses responsabilités à titre de citoyen. Dans l'après-guerre, après avoir agi comme acteur universel auprès de l'État, la bourgeoisie nationale verra décliner son importance politique devant le grand capital et les représentants des STN.

Mais la prétention à l'universalité était encore plus difficile à soutenir pour le monde syndical. Sur un plan purement formel, la légitimité de la représentation dans les instances tripartites reposait en effet sur le niveau de syndicalisation ; sur un plan beaucoup plus substantiel, le mouvement syndical se trouvait alors, par défaut en quelque sorte, à devoir assumer des responsabilités et des attentes qui allaient bien au-delà des intérêts immédiats de ses membres syndiqués. Pour les représentants d'un facteur de production appelé « capital », les exigences sont simples : il est question de profits et de marges, de productivité et de rendement, de débouchés et de marchés. Pour ceux qui défendent les intérêts de l'autre facteur de production appelé « travail », les revendications débordent très rapidement la question de la rémunération et, par conséquent, le domaine de l'économie. Pourtant, malgré cet important handicap, le monde syndical, contrairement aux deux autres, sera dans la plupart des cas favorable au tripartisme, et ce, jusqu'à aujourd'hui.

La deuxième raison expliquant la mise au rancart du tripartisme tourne autour de l'enjeu de l'exclusion. Le fil d'Ariane courant tout le long du schéma théorique qui a servi à construire l'ordre d'après-guerre, que ce soit entre les États ou au sein des États, repose sur l'idée d'intégration. C'est pour intégrer les États dans la communauté internationale qu'on met en place des institutions qui ont pour mission de baliser et d'encadrer un marché mondial, et c'est pour intégrer les individus dans la communauté nationale qu'on met en place des institutions qui ont pour mission de baliser et d'encadrer un marché national. Dans cette perspective, où tous et toutes sont en principe inclus, la seule exclusion possible est celle qui provient de l'exclu lui-même : c'est l'auto-exclusion, qu'elle soit volontaire ou pas. Or, si la consultation tripartite a été envisagée durant la *guerre froide* comme le mode privilégié d'intégration des principaux acteurs de la société civile dans l'État-nation, il n'en demeurait pas moins que cette façon d'asseoir la légitimité des grandes options d'économie politique laissait en plan de vastes segments de cette société, qu'il se soit agi du mouvement des femmes ou du mouvement étudiant.

Par ailleurs, dans la mesure où le tripartisme interpellait les représentants du mouvement syndical en tant que défenseurs des intérêts du travail, et non seulement des intérêts des travailleurs, ceux-ci se trouvaient alors dans une situation paradoxale vis-à-vis de questions comme le chômage, le travail des femmes, le travail des jeunes et la protection de l'environnement. Pour tous ces motifs, le tripartisme exigeait une reconversion grâce à laquelle il serait tenu compte des revendications et des doléances issues d'autres organisations économiques et sociales, ou son abandon pur et simple.

La troisième raison qui sollicite soit l'abandon soit la reconversion du tripartisme est, de loin, la plus importante : elle renvoie au double statut juridique et politique de la société civile elle-même. À l'instar de toutes les institutions et organisations, la société civile peut être envisagée sous deux angles différents, juridique et politique. Le versant juridique de la société civile est celui qui met face à face le sujet et son droit, le sujet et ses prérogatives légales. Sur son versant juridique, la société civile rassemble ainsi toutes les personnes physiques et toutes les personnes morales — c'est-à-dire les sujets de droit, ainsi que toutes les associations, organisations, communautés et compagnies, quelle que soit leur mission politique, économique, sociale ou culturelle, qu'elles soient à but lucratif ou pas — qui détiennent des pouvoirs et qui assument des obligations légales. Au point de vue juridique, tous ces sujets et leurs organisations assument des devoirs et des responsabilités inscrits dans des codes, des chartes ou des règlements. Mais la société civile ne peut pas être réduite à sa seule dimension juridique et légale. Il y a toujours un autre versant du droit et du pouvoir détenu en vertu du droit : c'est le versant politique, celui qui place face à face non plus des sujets et des droits mais les citoyens et l'État.

Si, sur le plan juridique, les sujets de droit, les associations, les compagnies et autres multinationales apparaissent autonomes, séparés et *égaux* dans la société civile, dès qu'on déplace l'angle d'analyse et qu'on envisage la chose sous l'angle d'une consultation encouragée par des pouvoirs constitués, on se rend compte que l'autonomie, la séparation et l'*égalité* n'ont plus la même signification du tout quand nous plaçons côte à côte des personnes physiques et des personnes morales. Bien sûr, en principe, là où elle existe, la liberté de parole, d'association et d'opinion devrait profiter également aux citoyens et aux organisations qui interviennent de leur propre chef dans les débats publics : mais c'est plutôt de la consultation entre les pouvoirs politiques et les citoyens, corporatifs ou pas, dont il est question. Mais le mot *consultation* est ambigu ici. Il renvoie aussi bien au rituel de la consultation populaire et à des élections déclenchées à date fixe (consultation qui sert à légitimer l'*ensemble* des législations et autres décisions *à venir*) qu'à la consultation engagée, une fois le pouvoir en place, avec des organisations, associations, compagnies sans but lucratif ou à but lucratif et autres multinationales, voire avec certains citoyens ou experts. Ce deuxième type de consultation s'inscrit dans une autre temporalité et sert d'autres finalités : elle est engagée de manière *ponctuelle* et appliquée *avant* l'adoption de la loi, du règlement, de la décision politique ou de la décision administrative. La légitimité première et dernière du tripartisme, en tant que cas particulier de consultation *ex ante,* repose donc sur l'ampleur et l'importance des mécanismes parallèles de consultation mis en place, et sur l'effet utile de cette collaboration sur la politique économique, par rapport à celui des autres mécanismes de consultation.

À partir des trois raisons invoquées pour expliquer le déclin du tripartisme, nous voyons à quel point l'idée même de consultation à trois était fragile au point de départ. Il serait d'autant plus difficile de réactualiser cette idée aujourd'hui que, dans le contexte actuel de la globalisation, les protocoles de consultation avec un nombre croissant d'acteurs sociaux et économiques se sont multipliés, cela sans compter que c'est l'un de ces protocoles, celui qui lie les pouvoirs aux grandes entreprises, qui exerce la plus grande influence sur les institutions et sur la révision des cadres normatifs à l'heure actuelle.

Organisations sans but lucratif (OSBL) et gouvernements

La sanction du tripartisme et la création de comités économiques et sociaux n'ont jamais empêché les organisations et mouvements sociaux d'intervenir sur la scène politique tout au long de la *guerre froide.* Ce fut le cas des mouvements des

femmes, des étudiants, des pacifistes, des environnementa-
listes, de défense des droits humains, de même que des mouvements d'appui aux revendications du Tiers-Monde, aux
guerres de libération nationale, et j'en passe. Par ailleurs, il
serait erroné de prétendre que le rôle des mouvements sociaux
durant la *guerre froide* était concentré sur le plan national et
qu'ils auraient été uniquement préoccupés par des enjeux
internes et la défense de leurs intérêts immédiats; le phénomène de l'internationalisation des pratiques d'acteurs n'est pas
un phénomène récent. Il n'est que d'évoquer les mouvements
sociaux et populaires contre les dictatures, contre les coups
d'État, contre les guerres coloniales, contre les invasions des
États-Unis en Amérique latine, contre la guerre du Vietnam, et
combien d'autres encore, pour s'en faire une idée.

Par ailleurs, la création de nouveaux *relais* au sein de
l'ordre global, comme le FEM, et l'établissement d'une nouvelle *interface* entre élites politiques et élites économiques ne
conduit pas à la mise au rancart des mécanismes de la consultation. On assiste bien au contraire dans certains contextes,
dont celui de l'UE et peut-être même de l'Amérique du Nord,
à l'extension des consultations menées par les pouvoirs politiques en direction de la société civile *organisée* et à l'expression
d'une volonté de maintenir un *dialogue civil*. Mais ce dialogue
ne s'établit pas sans difficultés ni sans compromis : à côté des
acteurs, groupes et organisations établis, disposant en propre
d'une autonomie organisationnelle et d'une indépendance
financière relatives, ce qui est rare, il y a toutes ces OSBL qui
dépendent directement ou indirectement des gouvernements[7].
Elles en dépendent directement quand elles sont financées par
l'État, mais elles en dépendent le plus souvent indirectement,
parce que c'est lui qui leur accorde le statut d'OSBL, ce qui leur
évite de payer l'impôt, ou encore le statut d'organisme de cha-
rité, ce qui donne droit à des déductions fiscales spéciales. Or,
cette dépendance implique des contraintes comme celle de
renoncer à l'action politique.

Les gouvernements ont vite compris tout l'intérêt qu'il pouvait y avoir à financer directement, parfois en sous-main, des OSBL — ou des ONG comme on dit dans le vocabulaire de l'ONU — qui assumeraient des positions proches des leurs : on serait alors en présence d'un nouveau type de relais, d'« organisations *vraiment* gouvernementales » (OVG). Les gouvernements et les institutions internationales semblent en effet de plus en plus tentés par cette tactique quand ils font face à des remises en question issues de plusieurs fronts à la fois : cela les conduit à financer le rassemblement d'interlocuteurs avec lesquels ils seront ensuite susceptibles d'ouvrir un dialogue constructif. Cette tactique peut être portée par une vision cynique quand il s'agit de filtrer les interlocuteurs et leurs organisations, tout comme elle peut *aussi* être portée par un souci de réduire les turbulences, les dissensions et les incompatibilités, de manière à accroître la validité et l'utilité du processus de consultation lui-même.

Quel que soit le prétexte, il n'en demeure pas moins que ces interférences des pouvoirs constitués dans la désignation des interlocuteurs ou dans leur sélection, que ce soit pour des raisons d'efficacité ou de maniabilité, risquent d'accroître le discrédit dont est entachée la consultation elle-même. Dans un contexte général où le contournement des instances délibérantes légitimes est de mise, les organisations sociales et les mouvements sociaux ne disposent plus de lieux propices à la poursuite de leurs délibérations.

L'éclatement de la contestation

Quelque chose a changé ces récentes années sur la scène internationale avec les événements et manifestations survenus à la rencontre de l'APEC, à Vancouver, en 1997, ou à celle de l'OMC, à Seattle, en décembre 1999. Il ne se passe plus une rencontre internationale, voire une rencontre régionale, qui ne soit en même temps une occasion, pour les adversaires de la libéralisation extrême des marchés, de manifester leur opposition aux négociations en cours. On l'a vu lors de l'Assemblée générale de l'OEA, à Windsor, en juin 2000 ; de la rencontre annuelle du FMI et de la Banque mondiale, à Prague, en septembre 2000 ; à Nice, lors de la réunion du Conseil européen, en décembre de la même année ; à Québec, lors du troisième Sommet des Amériques, en avril 2001 ; et lors du Sommet du G-8 à Gênes, en juillet 2001. Ces oppositions ne sont pas limitées aux seules rencontres organisées à l'instigation de la classe politique : elles surviennent également année après année pendant la tenue du Forum économique mondial, voire ici même au cours de la rencontre annuelle de la Conférence de Montréal.

Deux explications sont mises de l'avant pour rendre compte de cet état de choses. La première interprète la montée des oppositions à la globalisation comme le résultat d'une prise de conscience de la part d'un nombre croissant d'organisations, d'associations et de groupes qui remettent en cause le bien-fondé des négociations commerciales en cours entre les nations. Vues sous cet angle, ces oppositions ont développé un sens critique vis-à-vis des retombées éventuelles des engagements souscrits par les gouvernements sur les normes en vigueur sur le plan intérieur, sur la qualité de vie ou sur la nature de la relation économique entretenue par le Nord vis-à-vis du Sud. Une fois cela posé, certains analystes interprètent cette émergence de manière positive et voient dans cette prise de conscience une facette nouvelle et originale de la mondialisation. D'autres, au contraire, dénoncent les méprises sur lesquelles reposent ces oppositions et contestations, étant entendu que, à leurs yeux, les libéralisations en cours profitent à tous sans distinction, qu'ils soient du Nord ou du Sud, de sorte que les adversaires de la globalisation n'ont aucun grief sérieux à faire valoir. Tout au plus soulignera-t-on que, si certains travailleurs doivent obligatoirement faire les frais des adaptations consécutives à l'entrée en vigueur du libre-échange ou de la sanction des politiques d'ajustement structurel, les consommateurs gagnent toujours au change.

La seconde interprétation met en lumière le fait que, à travers l'ensemble de leurs démarches et initiatives, les adversaires de la globalisation des marchés se trouvent à remettre en question non seulement le projet de libéralisation en tant que tel, mais aussi le protocole même sur lequel ce projet repose. En effet, dans la mesure où la libéralisation extrême des marchés est moins tributaire de l'idéologie néolibérale que des formes et modalités de négociations qui mettent face à face des chefs de gouvernement et des chefs d'entreprise, c'est bien le processus des négociations lui-même qui se trouve, du coup, remis en cause. Ce serait alors moins pour des raisons de forme que pour des raisons de fond que les protocoles qui encadrent les négociations commerciales exigeraient le huis clos et la confidentialité, deux contraintes qui permettraient de négocier la déréglementation et la libéralisation en toute quiétude. Dans cette perspective, la mise en œuvre de la globalisation entraînerait un déficit démocratique indispensable à son bon fonctionnement, déficit qui permettrait de soustraire les négociations et tractations en cours à toute publicité, à tout débat et à toute remise en question. La mise à l'écart des parlementaires et autres assemblées délibérantes apparaît alors comme un enjeu déterminant au point de départ et au point d'arrivée, c'est-à-dire aussi bien avant l'ouverture des négociations qu'après leur conclusion.

En évoquant le phénomène de la contestation sociale et politique d'aujourd'hui, je ne prétends pas que la remise en cause de l'ordre global soit un phénomène original et qu'il n'y ait pas eu de remises en question de l'ordre mondial par le passé. Rien ne serait plus faux. Qu'il suffise, pour s'en convaincre, de rappeler l'ampleur *mondiale* de la contestation contre la guerre du Vietnam et celle, tout aussi mondiale, de la contestation étudiante des années 1960 et 1970. Mais l'innovation majeure, dans le cadre actuel de la globalisation est sans conteste la démultiplication du nombre des organisations et mouvements engagés dans la contestation du projet de globalisation. Il s'agit donc de mettre en lumière ce qu'il y a de nouveau et d'inédit dans les protestations contre la globalisation, par comparaison avec celles qui s'inscrivaient contre la mondialisation.

Tant qu'existait le cadre de la mondialisation, c'est-à-dire tant que le projet de construction, ou de reconstruction selon les cas, de l'économie et de la société nationales avait la priorité aux yeux des acteurs économiques et sociaux, les contestations des acteurs et de leurs organisations avaient pour théâtre l'espace national. Elles étaient surtout menées contre d'autres acteurs nationaux, y compris contre l'État et ses pouvoirs publics, mais avec, à l'arrière-plan, la conviction que la solution au conflit résiderait dans un compromis, un protocole ou une entente quelconque. Pour prendre un cas de figure classique, les conflits dans lesquels patrons et syndicats étaient engagés débouchaient nécessairement sur un *résultat,* fût-il même très défavorable à la partie syndicale. Je ne prétends donc pas qu'il n'y ait pas de défaites ni de drames dans les cas de conflits et d'affrontements : je dis simplement que le passage à un ordre global offre encore moins de solutions et de mécanismes de règlement des différends politiques et sociaux que n'en offrait le cadre institutionnel de l'ordre mondial.

L'une des causes de la démultiplication des oppositions et des contestations de la globalisation tient à la réduction d'un espace public de délibération lisible dans l'inefficacité des instances délibérantes officielles, l'absence de débats contradictoires et l'incapacité d'y incorporer des propositions nouvelles. En effet, le rituel de la consultation prend le pas sur l'efficacité de la consultation quand il s'agit des acteurs économiques et sociaux, alors que cette efficacité est maximale lors des consultations des gens d'affaires, de leurs organisations et de leurs lobbies.

Si les mécanismes de consultation mis en place dans l'après-guerre ont été incapables de tenir compte des revendications issues des organisations et autres mouvements sociaux, les nouveaux mécanismes de consultation portés par les promoteurs d'un ordre global sont encore plus inappropriés. Devant une logique de système qui a fait du démantèlement des institutions publiques son nouveau dogme et sa nouvelle mission, les seules possibilités sont la résistance et la contestation. Cette contestation prend plusieurs formes : elle peut s'exprimer de manière passive et conduire à l'anomie, voire à une désaffection profonde vis-à-vis du politique, comme elle peut s'exprimer de manière active et déboucher sur la protestation et le conflit ouvert.

D'ailleurs, la consultation et la protestation ne sont pas forcément des processus et des comportements inconciliables, loin de là. Nous voyons des acteurs économiques et sociaux se plier à l'un tout en ayant recours à l'autre : c'est le cas des organisations ouvrières dans leur rapport au mouvement ouvrier dans son ensemble ; c'est le cas également des organisations de femmes dans leur rapport au mouvement féministe, des organisations de jeunes et d'étudiants dans leur rapport au mouvement des jeunes ou au mouvement étudiant.

Mais, pour le moment, la protestation éclatée, issue des nombreuses oppositions à la globalisation, semble être une caractéristique de fond de l'ordre global. Cette protestation globale est promise à une démultiplication et à une extension sans limites aussi longtemps que la dynamique du système le poussera encore davantage vers le démantèlement des institutions de base de la société civile et politique.

Conclusion

Le glissement de l'ordre mondial — envisagé et édifié par ses fondateurs et autres architectes au sortir de la Seconde Guerre — vers l'ordre global actuel était-il inscrit dans les limites inhérentes au cadre théorique libéral sanctionné au point de départ, ou ce glissement est-il imputable à des causes extérieures ? Si l'on penche en faveur de cette dernière explication, la solution exigerait un retour à la case départ et une application stricte de l'esprit et de la lettre des paramètres fondateurs de l'ordre mondial libéral. En revanche, si l'on retient la première explication, selon laquelle c'est l'approche libérale qui est en cause, c'est donc une mondialisation de remplacement qu'il faut désormais envisager. Mais cette nouvelle mondialisation n'a pas à être pensée ni reconstruite à partir de zéro, comme s'il n'y avait rien à récupérer du cadre théorique envisagé au point de départ et des institutions mises en place depuis lors.

Ce que j'ai voulu faire ressortir en procédant comme je l'ai fait, c'était tout l'intérêt qu'il y avait à assumer une perspective d'ensemble qui articulait entre elles des fonctions économiques, politiques, sociales, environnementales, et qui en confiait la responsabilité et la gestion à des institutions nationales ou internationales. En ce sens, des idées comme celle de hiérarchie entre droits sociaux et droits individuels, ou celle de complémentarité entre sécurité, justice et bien-être, sont des idées intéressantes quand on cherche à promouvoir une véritable universalité sous ses deux formes, nationale et internationale. Cela dit, rien ne devrait nous empêcher d'élargir la perspective pour y intégrer nos nouvelles sensibilités et exigences concernant l'égalité entre hommes et femmes, les peuples autochtones et la biodiversité.

En ce sens, l'analyse conduite dans ces pages débouche sur un constat clair et incontournable : le défi que pose la défense et la promotion d'un ordre nouveau dans le monde est d'abord et avant tout politique. Le second constat, tout aussi clair et tout aussi incontournable, *sur le plan théorique,* est qu'une solution valable et crédible à ce problème nous renvoie d'abord à l'État *avant* de nous renvoyer devant les institutions internationales. Cela n'implique toutefois pas qu'on ne soit pas en droit, *sur le plan stratégique,* d'inverser les priorités et de confronter les organisations internationales. À ce propos, le débat actuel concernant l'émergence d'une société civile mondiale et le renforcement du rôle de l'ECOSOC de l'ONU[1] mérite sans conteste d'être poursuivi, essentiellement parce que la consultation engagée à son instigation soulève le même genre de problèmes et de difficultés que ceux que nous avons relevés quand il a été question de la consultation engagée à l'instigation des pouvoirs publics avec les organisations de leur société civile.

Cependant, quelles que soient l'intensité et l'étendue des pratiques latérales mises en œuvre directement d'organisation à organisation, d'association à association, de groupe à groupe, de coalition à coalition, et quelles que soient l'intensité et l'étendue de la transnationalisation des pratiques d'acteurs collectifs, l'État demeure encore et toujours le seul et unique passage *obligé* vers l'universalité, aussi bien à l'échelle nationale qu'à l'échelle internationale. Compte tenu des développements antérieurs, ce double constat ne doit évidemment pas conduire à croire ou à laisser croire que le politique et la politique doivent être accaparés par l'État, ou que le politique et la politique situent nécessairement les intervenants dans un rapport à l'État. Que les stratégies de consultation des pouvoirs publics et de certaines organisations internationales auprès de la société civile sanctionnent une vision à la fois corporatiste et dépolitisée des choses ne doit pas conduire les acteurs, leurs organisations ainsi que les mouvements sociaux à endosser une telle réduction de leurs prérogatives.

L'approche minimaliste et tronquée est indéfendable, car la société civile est, par excellence, le lieu d'élection du politique : c'est dans la société civile que loge le pouvoir constituant de l'ordre politique lui-même. En revanche, il faut comprendre que, depuis les hauteurs de l'État, ses administrations et bureaucraties, l'idée selon laquelle le pouvoir politique appartiendrait en propre à une sphère politique étanche est fort utile : elle conforte ses défenseurs dans la conviction que l'exercice du pouvoir est un privilège de situation et qu'il est, de ce fait, toujours légitime et légal.

Ces réflexions m'amènent à souligner l'importance de distinguer *deux* ensembles de pratiques dans lesquelles les individus peuvent être engagés, et ce, qu'ils agissent en tant que sujets de droit ou en tant que citoyens : il s'agit des pratiques civiles et des pratiques politiques. Le premier ensemble de pratiques, les pratiques civiles, renvoie à toutes ces pratiques latérales ou horizontales que des sujets ou des citoyens nouent les uns avec les autres, à titre individuel ou collectif, c'est-à-dire sous forme d'associations, d'organisations ou d'entreprises. Le second ensemble, les pratiques politiques, renvoie quant à lui à toutes ces pratiques verticales, c'est-à-dire celles que les sujets de droit ou les citoyens, à titre individuel ou collectif, nouent avec des pouvoirs constitués.

Les pratiques latérales sont des pratiques dans lesquelles

l'État n'a pas à intervenir aussi longtemps qu'elles se déroulent dans la légalité et qu'elles ne troublent pas l'ordre public ; en revanche, les pratiques verticales sont celles qui placent face à face les sujets et les citoyens d'un côté, l'État de l'autre. Or, pour être légitimes et légales, les premières ne sont pas *moins* politiques que les secondes. Interpeller ou prendre à partie une organisation, une entreprise ou un monopole est bien un geste politique, tout comme l'est l'interpellation ou la contestation d'une décision gouvernementale. Ce sont des prérogatives qui appartiennent toujours en propre aux citoyens et aux citoyennes, alors que l'inverse n'est pas vrai : les pouvoirs constitués ne peuvent pas interpeller ou contester les citoyens. Pour pouvoir exercer de telles prérogatives vis-à-vis des citoyens et des citoyennes, les pouvoirs en place doivent être légalement habilités à le faire, de telle sorte qu'ils ne peuvent intervenir, ou qu'ils ne *pourraient* le faire, que dans les cas prévus par la loi et à condition de suivre la procédure appropriée.

La distinction entre des pratiques latérales et des pratiques verticales, engagées par des sujets de droit (des individus qui agissent en tant que *civils* tout simplement) ou par des citoyens (des individus qui agissent *politiquement*) est utile lorsqu'on veut mesurer l'étendue des pratiques *possibles* contre la globalisation des marchés. En effet, on voit alors que les pratiques qui s'opposent à la globalisation peuvent emprunter des voies de résistance diverses et plurielles, allant de la promotion d'économies locales à la mise en place d'un nouveau protectionnisme « contre les attaques prédatrices de la mondialisation[2] », comme les zones franches et autres saccages commis à l'échelle locale par les prédateurs en question. Dans le même ordre d'idées, de Sousa Santos retient le cosmopolitisme, la défense d'un patrimoine commun de l'humanité, le contrôle démocratique et les nouvelles pratiques sociales, parmi les pratiques qu'il appelle « contre-hégémoniques[3] ». Et il ajoute : « Dans une période de pessimisme structural comme la nôtre, il y a une tendance, d'une part, à être trop complaisant par rapport à ce qui existe et à ce qui nous est familier et, d'autre part, à avoir trop de suspicions par rapport à ce qui commence à émerger et qui, pour cette raison, ne nous est pas familier. Contre ce pessimisme, il est impératif d'adopter une attitude d'optimisme tragique. L'optimisme tragique consiste à regarder ce qui émerge tout en reconnaissant la fragilité de son potentiel[4]. »

En attendant, de l'autre côté, c'est-à-dire du côté des forces favorables à la libéralisation extrême, l'espace des pratiques *civiles* discriminatoires, punitives et dommageables est également considérablement élargi. C'est « le danger du fascisme social » qui nous guette, une expression qui, chez de Sousa Santos, renvoie à « un ensemble de processus sociaux par lesquels d'amples secteurs de la population sont maintenus de manière irréversible hors de tout contrat social[5] ». Il poursuit en ces termes : « les gens qui vivent sous le joug du fascisme social sont privés d'échelles et d'équivalences partagées, et pour cette raison, ils sont exclus des attentes stabilisées », c'est-à-dire qu'ils sont privés de salaire, d'emploi, d'assurance sociale, voire d'un projet de vie. Ils vivent dans un chaos permanent d'attentes où les actes les plus triviaux peuvent avoir les conséquences les plus dramatiques.

« Nix or fix ? »

Mais qui dit « fascisme social » n'invoque-t-il pas l'impérieux besoin d'un renversement des institutions constituées ? Peut-on se contenter de contester *civilement* les nouvelles pratiques *civiles* ou ne faut-il pas nécessairement passer à d'autres domaines d'intervention et de contestation ? Les cas limites, les révolutions et autres révoltes ont leurs exigences propres et il serait présomptueux de les appeler de nos vœux. Il suffit que ce soient des options parmi d'autres et, à ce titre, elles ne devraient être ni plus ni moins recommandables que d'autres. Dans le contexte des pays développés, la marge de manœuvre est probablement supérieure à ce qu'elle est dans les autres contextes ; de plus, les liens objectifs entre les organisations publiques et les organisations privées sont trop serrés pour que le dilemme entre l'abolition et la réparation (entre « *nix* » et « *fix* », en anglais) puisse être toujours recommandé et recommandable.

Je voudrais fournir un exemple de ceci pour éclairer le sens et la portée de mon propos. Lorsque, en 1999, la Maison-Blanche a demandé au Congrès d'octroyer des crédits supplémentaires de 18 milliards de dollars US au FMI, le Congrès a accepté la demande à condition de mettre sur pied une Commission consultative internationale sur les institutions financières *(International Financial Institutions Advisory Commission),* présidée par Allan Meltzer[6]. Le *Rapport Meltzer,* déposé le 9 mars 2000, propose une révision majeure de l'architecture financière globale, qui passerait par la privatisation de plusieurs des fonctions et missions assumées par le FMI et la Banque mondiale. Une étude complète du rapport n'entre pas dans mon propos, mais je voudrais souligner deux choses. *Premièrement,* même si l'idée d'abolition n'a pas été retenue, la réforme proposée visait d'abord et avant tout à raffermir l'emprise de la politique des États-Unis sur les deux institutions ; *deuxièmement,* un des deux rapports minoritaires[7], celui de Jerome I. Levinson, recommandait au contraire d'accroître les ressources des deux institutions et l'incorporation des droits fondamentaux du travail *(« core rights »)* dans les responsabilités du FMI. Apparemment éloignées l'une de l'autre, ces deux options reflètent au fond deux visions aussi injustifiées et injustifiables l'une que l'autre du rôle que les États-Unis devraient assumer dans la conduite des affaires financières à l'échelle globale, la vision nationale-impériale ou la vision nationale-protectionniste.

Dans les deux cas, le point de vue développé est celui d'analystes appartenant à un pays autrefois créancier, aujourd'hui débiteur. Il n'est pas question, ni pour les auteurs du rapport ni pour le Congrès, de prendre en considération le point de vue de pays qui croulent sous le poids de dettes imposées de l'extérieur. Nous avons ici, encore une fois, un bel exemple d'unilatéralisme. Dans de telles conditions, une proposition d'abolition du FMI ou de la Banque mondiale conforte l'approche unilatérale des États-Unis plus qu'elle n'offre de piste de solution. En d'autres termes, l'approche abolitionniste occupe le même terrain politique que celle qui défend la privatisation pure et simple des fonctions et missions assumées par les organisations financières internationales.

Cependant, l'enjeu n'est pas là. Il ne repose pas sur le choix entre la réforme ou l'abolition mais sur la prise en compte d'une question préalable, à savoir l'unilatéralisme agressif pratiqué par les États-Unis. Or, sur ce terrain, il y a plusieurs positions *politiques* et *stratégiques* possibles face au défi posé par les États-Unis. Ces positions *pourraient* tout aussi bien conduire à solliciter des auditions de la part du Congrès des États-Unis lui-même, pour qu'il élargisse la consultation au-delà de la prise en compte de ses seuls intérêts nationaux, qu'à exiger des mises au point de la part de gouvernements, afin qu'ils expliquent et défendent leur connivence vis-à-vis de cette approche.

Cependant, au-delà de ces questions de stratégie, le problème très spécifiquement posé ici est celui de la connivence objective entre des pouvoirs politiques qui négocient au niveau intérieur des compromis avec des groupes et des organisations nationales et qui se servent de cette légitimité interne pour ensuite imposer leurs décisions à l'extérieur. Qu'advient-il alors de la question de l'imputabilité et de l'obligation de rendre des comptes, non seulement devant *leur* opinion publique, mais devant tous les citoyens et toutes les citoyennes *de l'extérieur* qui sont touchés directement par leurs politiques, ou touchés indirectement par celles qu'ils imposent aux organisations internationales qu'ils contrôlent? S'il y a deux versants à l'action des gouvernements, il devrait y avoir également deux dimensions à l'imputabilité des États.

Déficit démocratique et déficit normatif

L'exercice du pouvoir sanctionné aux échelons supérieurs des appareils d'État conduit à une profonde désarticulation institutionnelle et normative. Cette désarticulation institutionnelle est produite par le recours à toutes sortes de relais politiques qui rassemblent un nombre réduit d'acteurs privilégiés et choisis qui s'arrogent les prérogatives de définir la nouvelle politique économique des États et des organisations internationales. Elle débouche sur une désarticulation normative, désarticulation selon laquelle les normes qui comptent *vraiment,* celles qui s'appliquent et qui sont sanctionnées, sont des *normes techniques* ou des *règles de conduite* négociées directement entre les premiers acteurs concernés, les pouvoirs publics d'un côté, les pouvoirs privés de l'autre. Dans ce cadre, les lois issues des instances délibérantes publiques demeurent sans grand effet. Sur un nombre de plus en plus élevé de questions litigieuses, comme les normes de production, les normes appliquées dans les laboratoires, l'information sur la nocivité des produits, l'action législative est sans effet.

On voit alors que déficit démocratique et déficit normatif sont étroitement liés. Ils renvoient l'un et l'autre à la marginalisation des assemblées parlementaires dans leur fonction législative *et* dans leur fonction délibérante. C'est sans doute dans cette ultime conséquence que réside le sens premier à donner à l'idée de « déclin du politique », qui renvoie à deux phénomènes : l'impuissance grandissante des Parlements et autres assemblées nationales à être des instances *publiques* de délibération, et l'impuissance grandissante des médias d'être des lieux de débats ouverts.

Par ailleurs, afin de pallier l'instauration de mécanismes de consultation à géométrie variable et l'inutile fragmentation des enjeux et des réclamations, et afin d'éviter l'institutionnalisation d'un mécanisme de consultation à deux vitesses (l'une, efficace, avec les gens d'affaires, l'autre à peu près inutile), il conviendrait d'élargir la consultation et, surtout, d'accroître ses effets utiles sur les décisions, les normes et les institutions.

Cela dit, la consultation de la société civile ne pourra pas, à elle seule, combler le déficit démocratique et casser la connivence qui s'est établie ces dernières années entre les exécutifs gouvernementaux et les milieux d'affaires. S'il doit y avoir des consultations, celles-ci ne sauraient être des substituts à la réforme des institutions parlementaires et des partis politiques.

Dans l'état actuel des choses, en attendant la régénération des pouvoirs législatifs et la réforme des partis traditionnels, et sans évoquer l'épineuse question des médias et du monopole de l'information, bref, en l'absence d'instances à la fois crédibles et efficaces de délibération, la solution se trouve du côté de la mise sur pied d'instances de délibérations alternatives, comme l'est le Forum social mondial (FSM), tenu pour la première fois à Portô Alegre, en janvier 2001.

10, 100, 1000 FSM

Le Forum social mondial (FSM) qui s'est tenu pour la troisième année consécutive à Pôrto Alegre, au Brésil, du 23 au 27 janvier 2003 a rassemblé plus de 100 000 participants, soit deux fois plus que l'année précédente et dix fois plus que la première rencontre en 2001[8]. Il a été, sans conteste, le plus impressionnant des trois pour plusieurs raisons : *première-ment*, à cause de l'atmosphère que dégageait cette foule passionnée qui vivait, chantait et dansait, dans l'euphorie de l'élection de Luis Ignacio Lula da Silva, « Lula » du Parti des travailleurs (PT), à la présidence du Brésil[9] ; *deuxièmement*, à cause de la multiplication sans fin des angles et des perspectives critiques sous lesquels on a procédé à l'analyse de la globalisation des marchés, et ce, malgré que le nombre des enjeux demeure, quant à lui, toujours limité à environ une douzaine[10] ; *troisièmement*, à cause des nombreuses occasions offertes aux militants et aux militantes de se rencontrer autrement que par la correspondance ; *quatrièmement,* à cause de la possibilité d'obtenir une information directe concernant les causes profondes des crises au Venezuela et en Colombie, ou concernant la privatisation de l'eau en Bolivie, ou encore le comportement criminel de multinationales canadiennes au Chili, informations et analyses qui, ou bien ne sont pas disponibles, ou bien sont falsifiées par les pouvoirs en place et les médias ; *cinquièmement,* enfin, à cause de ces deux moments de retrouvailles publiques entre Palestiniens et Israëliens d'un côté, entre Irakiens et Américains *(États-Uniens)* de l'autre.

Le tableau ci-bas nous permet de saisir l'ampleur et la dimension du phénomène social sans précédent que repré-

Données comparées : Pôrto Alegre et Davos

	FSM III	FEM XXXIII
Participants	100 000	2 150
Pays	125	98
ONG	5 461	71
Délégués /invités	29 205	124
Activités /panels	1 500	250
Soldats	0	2 000
Policiers	50 ?	3 000
Coût total / dépenses de sécurité prévues pour 2002*	23 millions $ US	6,9 millions $ US

* Le FEM, comme on le sait, n'a pas eu à lieu à Davos en 2002, il a été déplacé à New York après que ces prévisions ont été faites. Au Sommet des Amériques, à Québec, en avril 2001, les coûts de la sécurité s'étaient élevés à 40,1 millions de dollars canadiens, sans compter les dépenses de 2,4 millions de dollars canadiens engagées par les pénitenciers.

sente la tenue du FSM III à Pôrto Alegre en même temps que le Forum économique mondial (FEM) de Davos qui en était, quant à lui, à sa trente-troisième édition.

Pour ce qui est du contenu, le Conseil international (CI)[11] du FSM avait, pour orienter les débats, organisé les activités autour des cinq grands thèmes suivants : (i) la démocratie et le développement soutenable ; (ii) les principes et les valeurs, les droits humains, la diversité et l'égalité ; (iii) le pouvoir politique, la société civile et la démocratie ; (iv) l'organisation démocratique à l'échelle mondiale et la lutte contre la militarisation ; (v) les médias, la culture et les alternatives à la globalisation hégémonique portée par les multinationales[12].

L'innovation la plus intéressante du CI a été de prévoir une Grande Murale des Propositions d'Actions qui devait rassembler toutes les propositions issues des délibérations tenues au cours des séminaires, tables rondes et autres *workshops*.

Il ne faut pas se méprendre sur le statut et la portée du FSM. Il ne s'agit pas d'une instance de délibération ni d'une organisation. La *Charte des principes du FSM* adoptée au lendemain du FSM I de 2001 établit clairement le sens de la démarche proposée. Il s'agit d'un lieu de rencontre pour favoriser les débats d'idées, la formulation de solutions et de pistes d'action, ainsi que la mise en réseau entre les associations et les mouvements de la société civile qui sont opposés à la mondialisation néolibérale des marchés, à la domination du capital et à l'impérialisme, et qui sont engagés dans la construction d'une société planétaire plus humaine, respectueuse des droits et de l'environnement. Cette position de principe entraîne plusieurs conséquences : la première est que le forum est un lieu ouvert ; la deuxième, qu'il s'agit d'un processus mondial, avec le résultat que la dimension internationale doit occuper une place importante dans l'organisation et dans les délibérations ; la troisième, que le FSM favorise une mondialisation des solidarités par opposition à la mondialisation dans laquelle sont engagées les sociétés transnationales, ainsi que les gouvernements et les organisations internationales qui sont à leur service ; la quatrième, que le FSM convoque des organisations et des mouvements de la société civile et qu'il n'entend pas s'ériger en représentant de ces groupes, ou de quelque groupe que ce soit, de sorte que personne n'est autorisé à parler ou à intervenir au nom du FSM et à prétendre qu'il reflète l'opinion ou la volonté des participantes et des participants au forum, le FSM, précise la *Charte* à son article 6, n'étant pas un lieu de pouvoir ; la cinquième, que le FSM doit se contenter de faciliter la circulation des décisions prises par les groupes, mais sans les hiérarchiser, les censurer ou les amender ; la sixième, enfin, que le FSM est pluraliste, diversifié, non confessionnnel, non gouvernemental et non partisan, avec le résultat que ni les partis politiques ni les organisations militaires ne peuvent participer au forum ; les chefs d'État ou les parlementaires invités le sont donc à titre personnel.

Cette réticence, voire cette méfiance vis-à-vis du politique et des classes politiques a sans doute son petit côté angélique, mais elle s'explique. En premier lieu, il faut se souvenir qu'au lendemain de la *guerre froide,* les gouvernements en place ont renoncé à tirer leçon des ratées de l'État socialiste et de celles de l'État-providence et, au lieu d'approfondir et d'universaliser une forme nouvelle et originale de démocratie sociale, ils ont plutôt cherché à profiter de l'occasion pour se lancer dans la construction d'un État dit « néolibéral ». Or si certains partis politiques ont résisté, en revanche, les gouvernements s'y sont engouffrés avec une étonnante unanimité.

En deuxième lieu, en parfaite cohérence avec le type d'action qui était engagé sur le plan national, un phénomène semblable se produisait sur le plan international où l'on voyait les grandes organisations les unes après les autres souscrire aux dogmes du néolibéralisme. Et malgré l'apparente ouverture dont a pu faire preuve l'ONU, ainsi que plusieurs de ses agences vis-à-vis des organisations et mouvements issus de la société civile qui étaient convoqués et invités à participer à des forums à Rio de Janeiro, à Beijing ou à Copenhague, chaque fois les réalisations étaient loin de satisfaire les attentes. À la suite de ces expériences et de ces désillusions, de plus en plus de militantes et de militants réclamaient la convocation d'un forum en marge de toutes les velléités de consultation mises au point par les organisations internationales et les gouvernements nationaux.

En troisième lieu, enfin, la nouvelle alliance entre les gouvernements, les organisations internationales et les milieux d'affaires qui sous-tend le passage au néolibéralisme élargit le cercle des prédateurs du bien commun qui inclut désormais les gouvernements eux-mêmes. Ce renversement de la position des gouvernements et des pouvoirs publics, qui correspond à la substitution du rôle de prédateur à celui de protecteur qu'ils assumaient auparavant, induit à son tour un déplacement de l'enjeu même de la défense des biens publics en dehors du périmètre des pouvoirs constitués. C'est donc bel et bien *par défaut* en quelque sorte que les acteurs de la société civile montent aux créneaux pour se porter à la défense et à la protection d'un patrimoine collectif, puisqu'ils assument, ce faisant, une position et un rôle que les pouvoirs en place n'arrivent plus à assumer. Cela dit, il ne faut donc pas jouer les étonnés devant la méfiance vis-à-vis du politique, tel qu'il est actuellement institué en tout cas, qui sous-tend de son côté l'action des organisations et autres groupes opposés à la mondialisation néolibérale.

Un des conséquences les plus révélatrices de ce déplacement des fonctions des gouvernements est la situation paradoxale dans laquelle il place désormais les parlementaires qui ne savent plus très bien à quel dieu se vouer et qui cherchent à gagner une nouvelle légitimité en se rapprochant de la société civile, de ses organisations et mouvements. On en a une illustration assez éclairante dans le rapprochement en cours entre le Forum mondial des parlementaires et le FSM, illustration qui montre bien que la politique est aussi l'affaire de la société civile.

Cependant, il y aurait angélisme si cette méfiance vis-à-vis d'un ordre ou d'une classe politique se transformait en une posture qui prétendrait entretenir la méfiance à l'endroit du politique dans son ensemble. Cette posture appartient en propre à un courant philosophique libéral qui souscrit à une vision à la fois essentialiste et instrumentale du politique, une approche qui est intenable aussi bien sur les plans théorique et pratique, que pour ce qui est du droit et de la science politique. Ni le politique ni la politique ne sont étanches ; ils n'appartiennent pas en propre à une sphère ou à un ordre politique, ils traversent la société et son citoyen de part en part. C'est pourquoi l'on dit indifféremment de la société qu'elle est une *société civile* ou une *société politique,* tout comme on dit de l'individu qu'il est à la fois sujet de droit et citoyen. Les dimensions juridique et politique sont les deux versants de la société, de ses membres, de leurs associations et autres entreprises, et ce, malgré ce qu'en disent et en prétendent des auteurs comme Francis Fukuyama qui, dans son récent *The Great Disruption,* propose de lier la reconstitution de l'ordre social au développement d'un *capital social* placé en deçà de l'ordre politique[13].

Ces rappels et précisions permettent de rendre compte du difficile rapport au politique dans lequel se trouvent placés les organisateurs du FSM et, par voie de conséquence, les participantes et les participants eux-mêmes. Ils permettent aussi de mettre en lumière les contradictions dans lesquelles on s'enferre chaque fois qu'on cherche à tracer une ligne claire entre ce qui est politique et ce qui ne l'est pas, comme cela arrive quand on invite un personnage politique à titre personnel !

De plus, il faut aussi rappeler que le PT a joué un rôle capital dans la fondation et la mise sur pied du FSM, fait qui vient encore compliquer les choses comme on le verra maintenant, puisque le moment fort par excellence du FSM III a sans aucun doute été celui de la visite de Lula qui est venu y puiser la légitimité pour défendre sa position politique « *Fome zero !* » (c'est-à-dire « Faim zéro ! ») au forum de Davos.

Les points saillants du discours du président Lula furent une condamnation de la guerre qui dénonçait implicitement la stratégie de la Maison-Blanche face à l'Irak, la dénonciation du blocus que les États-Unis maintiennent depuis 40 ans contre Cuba, un engagement à renforcer le MERCOSUL afin d'accroître le pouvoir de négociation des pays du Sud face aux grands groupes économiques et, enfin, un plaidoyer en faveur d'un pacte mondial pour l'éradication de la faim et contre la pauvreté ainsi que l'exclusion sociale. Le président a également insisté sur le fait que la victoire du PT au Brésil représentait une victoire pour la gauche en Amérique latine et pour le socialisme partout dans le monde. Il a également promis de gouverner autrement et dénoncé, en les nommant, les pratiques des gouvernements Salinas de Gortari au Mexique, Fujimori au Pérou et Menem en Argentine. Dans ce dernier cas, la dénonciation venait à point nommé puisque la rumeur publique veut que Menem se présente à nouveau aux élections dans son pays ; il faut croire que Lula faisait clairement savoir aux Argentins qu'il ne tenait pas particulièrement à l'avoir comme interlocuteur !

Le président du Brésil a été très habile en prononçant son discours à Pôrto Alegre ; il était en quête de légitimité pour se présenter à Davos, non pas seulement comme président nouvellement élu d'un des grands pays du Sud, mais muni du titre de porte-parole des idéaux portés par les participantes et les participants du FSM. Le président Lula cherchait ainsi à accéder au statut de leader mondial et de défenseur de cet « autre monde possible » qui est la devise du FSM. Cette stratégie et cette démarche doivent être placées dans leur contexte : il est clair, comme le disait l'économiste Éric Toussaint en entrevue, que le gouvernement Lula n'aura pas les moyens de ses politiques à moins de remettre en question les contraintes financières qui s'abattent sur le Brésil à l'heure actuelle[14]. En se prononçant contre la guerre et pour l'ouverture d'un front contre la faim dans le monde, le président

Lula mettait en pleine lumière l'absurdité du choix stratégique effectué ces derniers mois par les pays riches.

Seul l'avenir nous dira si ce passage *obligé* par la politique opéré de manière passablement survoltée et tapageuse aura des retombées positives pour le FSM ou s'il affectera sa crédibilité et réduira sa marge de manœuvre à l'avenir. On a sans doute eu raison de craindre que les choses pourraient changer du tout au tout après que le président du Venezuela, Hugo Chavez, eut à son tour exprimé le souhait de rencontrer les délégués du FSM et de faire appel à la société mondiale afin de renforcer sa position par trop précaire à l'intérieur de son propre pays. Mais on peut douter que ces interventions aient des effets dommageables pour deux raisons. La première est que l'effet Lula a agi en tout début de mandat alors que le président était en pleine lune de miel avec son peuple ; or, ces choses-là ne durent pas et les réveils sont parfois brutaux. Il se pourrait alors que le rôle de mandataire du FSM que s'est arrogé Lula à son passage à Portô Alegre soit de courte durée. L'autre raison est que le FSM a pris une telle ampleur qu'il est difficile d'imaginer son plafonnement à ce moment-ci, d'autant que le FSM, ce n'est plus seulement Portô Alegre, c'est aussi la prolifération de forums du même genre un peu partout dans le monde à l'heure actuelle.

Car le phénomène le plus révélateur du succès du FSM est bel et bien la multiplication des forums dans le monde. Entre le FSM II et le FSM III, il y a eu pas moins de sept autres forums qui ont été organisés : le Forum social thématique sur la dette à Buenos Aires au mois d'août 2002, le Forum social européen à Florence en novembre, le Forum social thématique à Ramallah en Palestine et le premier Forum social Maroc à Bouznika en décembre, le Forum social africain à Addis-Abeba, le Forum social asiatique à Hyderabad et le Forum social pan-amazonien à Bélem, tenus tous les trois en janvier 2003. On prévoit, pour l'année à venir, un second Forum social européen à Saint-Denis du 12 au 16 décembre, un

Forum social méditerranéen en Espagne, un Forum social des Amériques à Quito, un Forum social de l'Amérique du Nord, qui devrait se tenir de part et d'autre de la frontière séparant les États-Unis et le Mexique, un Forum social Canada-Québec–Premières Nations, sans compter les nombreux forums de moindre envergure.

Le FSM IV, quant à lui, aura lieu en Inde et il devrait revenir à Portô Alegre l'année suivante, en 2005. Par la suite, les forums devraient avoir lieu en alternance à Portô Alegre durant les années impaires et se déplacer ailleurs dans le monde durant les années paires.

Comme on le voit, aussi important et aussi médiatisé soit-il, le FSM n'est pas qu'un événement, c'est d'abord et avant tout un point de rencontre où viennent, une fois par an, converger des organisations et des mouvements issus des quatre coins du monde. Le FSM rassemble les mouvances, les positionnements, les contestations et les mobilisations qui ont déjà été mises en place et qui ont déjà fait leurs marques à un moment précis de leur trajectoire militante. On le voit à la seule énumération des quelque 118 organismes qui sont membres du CI : on y retrouve aussi bien des organisations réputées comme *Greenpeace* ou *Global South,* des organisations syndicales au membership important comme l'*American Federation of Labor-Congress of Industrial Organizations* (AFL-CIO) avec ses 13 millions de membres, des centres de recherche comme le *Consejo Latinoamericano de Ciencias Sociales* (CLACSO) ou le *Transnational Institute,* pour ne nommer que ceux-là, ainsi que des mouvements issus d'initiatives récentes, comme la Marche mondiale des femmes ou l'Alliance sociale continentale, réseau qui, à son tour, ne regroupe pas moins de trente organismes engagés dans la lutte contre le projet de Zone de libre-échange des Amériques (ZLEA) à l'échelle des trois Amériques. S'il fallait compter de la sorte les coalitions dans les coalitions, insérées les unes dans les autres comme des poupées russes, nous en viendrions rapidement à calculer en milliers. Mais cet aspect quantitatif n'est pas le seul qui nous intéresse ; il faut tenir compte également d'une autre dimension qui est celle des appartenances multiples, c'est-à-dire de ces organisations et mouvements qui poursuivent plusieurs objectifs et qui sont engagés dans plusieurs dossiers à la fois. C'est sans doute un des indicateurs intéressants de la démultiplication des fronts de luttes à l'âge de la globalisation que cette présence simultanée des mêmes organisations et associations dans plusieurs réseaux différents en même temps. C'est ainsi que l'on retrouve la plupart des grandes centrales syndicales des Amériques aussi bien à l'Organisation interaméricaine du travail (ORIT), dans les coalitions nationales sur le libre-échange, au sein de l'Association sociale continentale (ASC), voire également dans l'une ou l'autre des coalitions contre la privatisation de l'eau, de l'enseignement, de la santé et des services publics. Ces présences multiples contribuent-elles à renforcer les mobilisations ou favorisent-elles l'éparpillement des ressources et des énergies ? Peut-on faire autrement, compte tenu de la dispersion et de la superposition des fronts de luttes ? Peut-on choisir entre mobiliser contre l'OMC, contre la Banque mondiale, contre le FMI ou contre la ZLEA ?

À la lumière de ce qui vient d'être souligné concernant la place du politique au FSM même, il ressort deux façons d'interpréter la transnationalisation de leur action de la part de ces mouvements et organisations : la première y voit un effet de prise de conscience vis-à-vis de la globalisation des enjeux que ces organisations et mouvements portent, l'autre y voit plutôt l'effet ou le résultat d'une véritable expulsion de l'arène politique opérée par les pouvoirs en place, expulsion consécutive à la sanction d'un nouveau mode de gestion du bien public et des patrimoines collectifs.

À un premier niveau, nous aurions affaire, comme le souligne François Houtart, à « une déligitimation du système économique[15] », mais à un autre niveau, il s'agirait également, et surtout peut-être, d'une radicale remise en question des pouvoirs constitués de la part des acteurs sociaux, remise en question consécutive à l'obstination dans laquelle les pouvoirs en question se sont emmurés en renonçant à exercer les prérogatives inhérentes à leurs fonctions de protecteurs et de défenseurs du bien public et des patrimoines collectifs, quand ils ont choisi la voie de la privatisation. Car il y a, par derrière ce que l'on désigne un peu sommairement comme le recours à une option néolibérale, quelque chose de beaucoup plus grave qui est en train de se passer. Les pouvoirs institués opèrent une véritable inversion de rôles et de fonctions quand ils renoncent à être les mandataires du bien public pour se transformer en propriétaires ; c'est à ce *titre* qu'ils prétendent tenir la légitimité pour brader les avoirs collectifs, des avoirs qui sont souvent eux-mêmes le résultat de luttes gagnées de haute main par les citoyennes et les citoyens du pays. Mais aucune Constitution n'accorde la propriété des biens collectifs aux gouvernements ; ce sont des peuples ou ce sont des nations qui détiennent la propriété des richesses naturelles, des lacs et des rivières, des biens collectifs et des patrimoines, les gouvernements n'en sont que les gestionnaires. Ils n'ont pas le droit de les aliéner, et si même ils s'arrogeaient le droit de céder ou de vendre, ils n'ont pas le droit de libre disposition des produits de ces ventes. On voit alors pourquoi nous avons proposé de qualifier de prédateur l'État qui s'arroge le droit de transférer la propriété collective en propriétés privées.

On voit alors aussi pourquoi, face à de telles contraintes issues des hauteurs mêmes des États, seule la mobilisation citoyenne mondiale offre pour le moment une voie de sortie, d'autant que le retour vers quelque forme de providentialisme ou de protectionnisme à grande échelle ne passe plus seulement par un État, mais par la formation de communautés nouvelles des États autour des questions comme la diversité culturelle, par exemple.

À ce compte-là, un autre monde est possible.

Liste des sigles

ACI	Accord de commerce intérieur (Canada)
AELE	Association européenne de libre-échange
AGETAC	Accord général sur les tarifs douaniers et le commerce (le GATT, en français)
ALADI	Association latino-américaine d'intégration
ALALE	Association latino-américaine de libre échange
ALE	Accord de libre-échange entre le Canada et les États-Unis
ALENA	Accord de libre-échange nord-américain
AMI	Accord multilatéral sur l'investissement
ASC	Alliance sociale continentale
BIRD	Banque internationale de reconstruction et de développement (Banque mondiale)
BNT	Barrières non tarifaires

CCI	Chambre de commerce internationale
CEE	Communauté économique européenne
CEPALC	Commission économique pour l'Amérique latine et les Caraïbes
CISL	Confédération internationale des syndicats libres
CNPF	Clause de la nation la plus favorisée
CT	Commission trilatérale
CTN	Corporations transnationales
ECOSOC	Conseil économique et social des Nations Unies
EEE	Espace économique européen
FEM	Forum économique mondial
FMI	Fonds monétaire international
FSM	Forum social mondial
GATT	General Agreement on Tariffs and Trade
MERCOMUN	Marché commun centre-américain
MERCOSUR/L	Marché commun du cône Sud
OCDE	Organisation de coopération et de développement économiques
OEA	Organisation des États américains
OECE	Organisation européenne de coopération économique
OIC	Organisation internationale du commerce
OIT	Organisation internationale du travail

OMC	Organisation mondiale du commerce
ONG	Organisation non gouvernementale
ONU	Organisation des Nations Unies
ORIT	Organisation interaméricaine du travail
OSBL	Organisation sans but lucratif
PDCP	Pacte sur les droits civils et politiques
PDESC	Pacte sur les droits économiques, sociaux et culturels
PT	Parti des travailleurs (Brésil)
STN	Société transnationale
TN	Traitement national
UE	Union européenne
URSS	Union des républiques socialistes soviétiques
ZLEA	Zone de libre-échange des Amériques

Notes

INTRODUCTION

1. Voici un extrait de l'article en question : « *The U.S. has the world's most diverse and efficient capital markets, which reward, and even celebrate, risk-taking. Anyone with an invention and a garage can hope to raise millions overnight* [...] *It has multiple economies, with a single currency, on a single continent that looks to both the Pacific and the Atlantic. And most important, its big multinational companies and little entrepreneurs think globally and excel in almost everything that is post-industrial : software, computing, package delivery, consulting, fast-food, amusement parks, advertizing, media, entertainment, hotels, financials services, environmental industries and telecommunications. Globalization is us.* » Thomas L. Friedman, *New York Times*, 9 février 1997.

2. C. Castoriadis, *L'Institution imaginaire de la société*, Paris, Éditions du Seuil, 1975, p. 69.

3. C'était le sens et l'esprit de l'étude que nous avons faite du libre-échange canado-américain. Voir D. Brunelle et C. Deblock, *Le Libre-échange par défaut*, Montréal, VLB éditeur, 1989.

CHAPITRE PREMIER • LES FONDEMENTS DE L'ORDRE D'APRÈS-GUERRE
ET LA RECONSTRUCTION SIMULTANÉE DES ESPACES INTERNATIONAL ET NATIONAL

1. W. Lippmann, *La Cité libre*, Paris, Librairie de Médicis, 1937, p. 9 et 10.

2. John Maynard Keynes, *La Théorie générale de l'emploi, de l'intérêt et de la monnaie*, Paris, Payot, 1968, p. 391-392.

3. La liste complète comprend également les noms suivants : R. Auboin, L. Baudin, M. Bourgeois, J. Castillojo, J. B. Condcliffe, A. Detœuf, B. Hopper, B. Lavergne, L. Marlio, M. Mercier, A. Piatier, S. Possony, A. Rüstow, M. Schutz et M. van Zeeland. Voir Jacques Rueff (1967, p. 458). Les deux allocutions d'ouverture seront données par L. Rougier et W. Lippmann.

4. Je ne voudrais pas laisser entendre que le courant libéral ait été unanime par le passé, loin de là ; il y avait déjà des divisions très importantes entre interventionnistes et non-interventionnistes au XIXᵉ siècle et l'on n'a qu'à évoquer les débats acrimonieux autour des thèses de John Stuart Mill, considéré par certains comme le « père » du libéralisme social, pour s'en convaincre. La différence ne tient donc pas à ce fait, mais à la nature *révolutionnaire*, c'est-à-dire à la fois profondément originale et inédite, de la solution proposée par Keynes.

5. Notons que c'est en avril 1938 que sort le pamphlet de Doriot qui prône l'appui aux forces de Franco, Mussolini et Hitler.

6. La suite du texte permet de préciser davantage la pensée de l'auteur : « L'état civil considéré uniquement comme état juridique est donc fondé sur les principes *a priori* suivants : 1) la *liberté* de chaque membre de la société en tant qu'*homme*; 2) l'*égalité* de celui-ci avec tout autre en tant que *sujet*; 3) l'*indépendance* de tout membre d'une communauté en tant que *citoyen*. Ces principes ne sont pas tant des lois que donne l'État déjà institué, que des lois qui seules rendent possible l'institution d'un État conformément aux purs principes de la raison du droit humain externe en général. » E. Kant, *Sur le lieu commun : il se peut que ce soit juste en théorie, mais, en pratique, cela ne vaut point*, dans : *Œuvres philosophiques*, t. III, Paris, Éditions Gallimard, coll. La Pléiade, 1986, p. 270-271. (Les italiques sont de l'auteur.)

7. Lippmann, *op. cit.*, p. 15.

8. Cette identification première et la signification que revêt alors la notion de néolibéral ne doit pas être confondue avec sa désignation actuelle, selon laquelle le néolibéralisme désigne plutôt le courant classique porté, entre autres, par Friedrich von Hayek et Milton Friedmann. Il y a une permutation de signification tout à fait intéressante à travers ces quelque trente ou quarante années d'histoire et sur laquelle il serait sans doute fort intéressant de se pencher, mais cela n'est pas notre propos. Voir, sur la cassure dont il est question et la formation du courant interventionniste qui revendique l'étiquette « néolibéral », Jacques Cros, *Le Néolibéralisme. Étude positive et critique* (Paris, Librairie de Médicis, 1951), dont nous nous inspirons dans ces lignes et où l'on trouvera une analyse plus approfondie du colloque Lippmann.

9. Keynes, *op. cit.*, p. 359.

10. Dans son *Livre blanc sur l'emploi*, William Beveridge, l'économiste anglais qui est considéré comme le « père » de l'État-providence dont il sera question au chapitre 2, adopte le même point de vue, notamment lorsque, pour des raisons de responsabilité publique, il évoque la possibilité pour l'État de recourir aux nationalisations et à la planification.

11. Ce thème fit l'objet de la première séance de travail du Centre international

pour la rénovation du libéralisme, le 13 mars 1939, dont M. Rueff fut le rapporteur, *op. cit.*, p. 458. Soulignons qu'à la suite de ce colloque avait été créé le Centre en question, qui a soulevé un intérêt tel que certains dirigeants du Parti socialiste et certains chefs syndicalistes ont demandé à participer à ses travaux. Nous extrayons de cette même « Note préliminaire » la citation suivante : « Une délégation comprenant René Belin, Louis Lacoste, Spinasse, Louis Vallon demanda à participer aux travaux du Centre. Il fut convenu que, au cours des séances de travail, l'exposé de base et la conduite des discussions reviendraient, à tour de rôle, à un libéral et à un socialiste. »

12. Comme Jacques Maritain, Georges Gurvitch ou Antoine de Saint-Exupéry qui publient aux Éditions de la Maison française à New York.

13. Il y aurait sans doute une recherche intéressante à mener sur tous ces projets, ces débats et ces échanges ; aux États-Unis surtout, mais au Canada et au Mexique également, on a assisté à une prolifération d'études et d'analyses. Pour s'en faire une idée, on pourra revoir les ouvrages suivants, dont les titres ne laissent pas d'évoquer parfois d'audacieux projets, comme ceux de Wendell L. Willkie, *One World*, Simon and Schuster, 1943 ; Herbert Hoover et Hugh Gibson, *The Problems of Lasting Peace*, Doubleday, Doran and Co., 1942 ; Henry A. Wallace, *The Century of the Common Man*, Reynal and Hitchcock, Inc., 1943 ; Sumner Wells, *The World of the Four Freedoms*, Columbia University Press, 1943 ; Clarence K. Streit, *Union Now. The Proposal for Inter-Democracy Federal Union*, Harper and Brothers, 1940 ; de même que Javier Marquez, *Bloques economicos y Excedentes de Exportacion*, Informaciones economicas del Banco de Mexico, 1943, sur lequel nous reviendrons en temps et lieux.

14. Shotwell est d'autant mieux placé pour servir de point de départ à une interprétation d'ensemble de l'ordre d'après-guerre que ses nombreuses expertises et fonctions l'ont amené à assumer un rôle très actif dans plusieurs conférences, tandis que sa hauteur de vue et son expérience lui permettaient d'établir liens et complémentarités entre ses propres responsabilités et les événements qui se déroulaient à la même époque à Yalta, à Mexico ou à Bretton Woods. L'auteur avait déjà joué un rôle important en tant que membre de la commission américaine mise sur pied par Colonel House au sortir de la Première Guerre pour préparer la Conférence de la paix et il avait également été membre du Bureau international du travail ; durant la Seconde Guerre, il avait été consultant auprès du State Department et, surtout, membre de la Commission pour l'Étude de l'Organisation de la paix. Cette Commission s'est consacrée, de 1941 à 1945, à « l'analyse des problèmes à la fois techniques et politiques qu'implique l'élimination de la guerre comme instrument de politique nationale ». Voir J. T. Shotwell, *La Grande Décision*, New York, Brentano's, 1945.

15. *Ibidem*, p. 275.

16. Le premier pas dans cette direction est effectué lors de la Conférence de Dumbarton Oaks, en octobre 1944, lorsque le plan déposé prévoit

l'extension des compétences de l'Organisation générale internationale pour le maintien de la paix et de la sécurité, qui avait été promise à la conférence tenue à Moscou l'année précédente, « aux problèmes économiques et sociaux ». N'était de cet ajout, les autres propositions « ressemblent beaucoup à celles du *Pacte de la Société des Nations* », c'est dire qu'on y traitait essentiellement de sécurité et de justice. En conséquence, un « organisme entièrement nouveau a-t-il été ajouté à l'ancienne structure, à savoir le Conseil économique et social ». *Ibidem*, p. 26.

17. La création du Conseil économique et social, mieux connu sous son acronyme anglais d'ECOSOC, fit l'objet de nombreuses tractations entre les États-Unis, la Grande-Bretagne et l'Union soviétique. Les Britanniques souhaitaient que le Conseil de sécurité s'occupât également des questions économiques, ce à quoi s'opposèrent les Soviétiques. On finit par s'entendre sur la proposition américaine de deux conseils distincts. Une autre question litigieuse portait sur les futures institutions économiques internationales. Les Américains voulaient que celles-ci relèvent directement de l'ECOSOC et en soient les départements. Là encore, on finit par se rabattre sur une solution de compromis, qui en fera des institutions spécialisées, sauf pour le FMI et la Banque mondiale. En pratique, l'ECOSOC aura peu de pouvoirs effectifs et les nouvelles institutions économiques internationales auront peu de liens avec les Nations Unies. Voir à ce sujet, Pierre Gerbet, Victor-Yves Ghebali et Marie-Renée Mouton, *Les Palais de la paix. Société des nations et Organisation des Nations Unies*, Paris, Richelieu, 1973.

18. Shotwell, *op. cit.*, p. 26. À propos des fonctions et pouvoirs du Conseil, la *Charte* prévoit que « le Conseil économique et social peut faire ou provoquer des études et des rapports sur des questions internationales dans les domaines économique, social, de la culture intellectuelle et de l'éducation, de la santé publique et autres domaines connexes et peut adresser des recommandations sur toutes ces questions à l'Assemblée générale, aux membres de l'Organisation et aux institutions spécialisées intéressées » (art. 62 par. 1).

19. *Ibidem*, p. 37.

20. La raison qui est invoquée est la suivante : « […] à la différence des problèmes de sécurité nationale et internationale, les problèmes du bien-être d'un peuple sont avant tout d'ordre intérieur. […] La situation économique se reflète dans la politique, non seulement aux États-Unis, mais dans tout pays qui possède un gouvernement constitutionnel. C'est que la conduite de la politique économique a, partout, été prise en mains par le pouvoir législatif, afin de donner à la masse électorale sa pleine mesure de responsabilités. » *Ibidem*, p. 215.

21. *Ibidem*, p. 219.

22. C'est, de nouveau, Shotwell qui établit de la manière la plus claire cette complémentarité entre la défense des droits et les autres missions, quand il écrit : « La première mesure à prendre pour sauvegarder la liberté dans le monde d'après-guerre semble à beaucoup de gens trop évidente pour nécessiter une

discussion. C'est la proposition qu'il y ait une Déclaration internationale des droits de l'homme à laquelle tous les pays puissent souscrire, et qui sauvegarde les droits des citoyens dans l'État contre tous les empiètements de leurs gouvernements. Cette proposition est basée sur le *Bill of Rights* de la Constitution des États-Unis avec ses amendements subséquents et sur l'institution encore plus fondamentale des cours de justice qui statuent sur la base de principes comme celui de l'*habeas corpus*.» *Ibidem*, p. 269.

23. À la lumière de l'évolution subséquente de la mondialisation et en prévision des développements que nous serons amenés à faire en temps et lieu, la suite de cette citation mérite d'être consignée : « Aucun abandon de souveraineté n'est nécessaire, quand les nations travaillent ensemble de cette façon, pourvu que la portée et la méthode de leur coopération soient en accord avec les intérêts fondamentaux de celles qui participent à l'œuvre commune.» *Ibidem*, p. 298.

24. Deux remarques s'imposent à ce sujet ; la première concerne la notion de région qui, à moins d'être précisée, couvre des réalités disparates, allant du Commonwealth britannique et de l'URSS, jusqu'aux accords sanctionnés en Amérique latine en passant par les organisations régionales regroupant les « pays arriérés » ; la seconde porte sur le fait que, en vertu de l'approche dite « fonctionnelle », le cadre de l'ONU diffère substantiellement de celui de la SDN en ce que celui-là repose sur deux principes, l'universalité *et* la différenciation, c'est-à-dire qu'il intègre le principe de la responsabilité variable, alors que la SDN sanctionnait uniquement le principe traditionnel de « l'égalité des États et de l'universalité de leurs obligations ». *Ibidem*, p. 290.

25. Il n'est pas inutile de souligner au passage que l'universalité dont il est question est celle qui rassemble en très grande majorité les pays occidentaux et les territoires qu'ils contrôlent ; ce n'est qu'à compter des années 1960 que, à la suite des indépendances africaines surtout, on assistera à un renversement et au passage de la majorité en faveur des pays du Tiers-Monde.

26. Sur toute cette question, voir Victor L. Urquidi, « Bretton Woods : un recorrido por el primer cincuentenario », *Comercio Exterior,* vol. 44, n° 10, octobre 1994, p. 838-847. Le texte de la proposition mexicaine qui recommande de placer sur un pied d'égalité la reconstruction et le développement se trouve en encadré aux p. 839 à 842. L'auteur rappelle en début de texte que, parmi les 44 pays présents, 19 appartiennent à l'Amérique latine ; le vingtième, l'Argentine, a été écarté à cause de ses prises de position politiques durant la guerre. Notons, au passage, que le site Web de la BM indique quant à lui qu'il y avait plutôt 45 pays présents à Bretton Woods, dont 15 d'Amérique latine.

27. Les pays d'Amérique latine souscriront aux accords et deviendront membres de la Banque mondiale dans l'ordre suivant en 1945 et 1946 : la Bolivie, le Honduras, le Paraguay, le Guatemala, l'Équateur, le Mexique, le Chili, le Costa Rica, le Brésil, l'Uruguay, le Nicaragua, le Panama, le Salvador, la Colombie et le Venezuela.

28. Cela se vérifie surtout à propos du GATT, qui n'est signé que par 23 partenaires au départ. On rappellera à ce propos que le Mexique n'en deviendra membre qu'en 1986. Sur le GATT, voir : Jean Paul Frétillet et Catherine Véglio, *Le GATT démystifié*, Paris, Syros, 1994, p. 59 ; Michel Rainelli, *L'Organisation mondiale du commerce*, nouvelle édition, Paris, Éditions La Découverte, 1999 ; Annie Krieger-Krynicki, *L'Organisation mondiale du commerce. Structures juridiques et politiques de négociation*, Paris, Librairie Vuibert, 1994 ; Steven Shrybman, *A Citizen's Guide to the World Trade Organization*, Ottawa et Toronto, Canadian Center for Policy Alternative et James Lorimer and Co. Ltd., 1999.

29. Ces deux principes, le TN et la CNPF, sont également articulés entre eux en ce sens qu'ils assument respectivement les fonctions statique et dynamique à l'intérieur d'une stratégie d'ensemble de libéralisation des échanges. En effet, pour que la libéralisation soit un processus continu, il ne suffit pas d'accorder à l'autre un traitement national, il faut aussi que, d'une négociation à l'autre, le processus même de la libéralisation progresse et qu'il contribue, de manière cumulative, à la levée des entraves sans possibilité de retour. C'est ainsi que, de fois en fois, les négociations devraient conduire à cette libéralisation totale que tous prétendent ou semblent rechercher.

30. De manière quelque peu provocatrice, on pourrait aller jusqu'à dire que, pour les gouvernements des pays riches, les organisations économiques internationales représentent de véritables ministères économiques *off-shore*.

31. L'approche dualiste faisait valoir la diversité des sujets de droit dans chaque cas, l'État à l'extérieur, les individus sous leur double attribution de personne physique et de personne morale à l'intérieur.

CHAPITRE 2 • LE CADRE D'APRÈS-GUERRE EN POLITIQUE INTÉRIEURE : L'ÉTAT-PROVIDENCE ET LES DROITS SOCIAUX

1. Voir Georges Gurvitch, *L'Idée de droit social*, Paris, 1932, ainsi que son intéressante proposition dans *La Déclaration des droits sociaux*, New York, Éditions de la Maison française, 1944.

2. L'idée de déductibilité a été développée par le philosophe juriste Hans Kelsen.

3. Georges Gurvitch, *La Déclaration des droits sociaux*, *op. cit.*, p. 31.

4. *Ibidem*, p. 68-69.

CHAPITRE 3 • MONDIALISATION ET RÉGIONALISME AU TEMPS DE LA *GUERRE FROIDE*

1. Pour reprendre le titre du livre de Fritz Sternberg, *Le Conflit du siècle. Capitalisme et socialisme à l'épreuve de l'histoire*, Paris, Éditions du Seuil, 1958.

2. La question de l'anticommunisme est très débattue durant la guerre, non seulement aux États-Unis mais également au Canada et au Québec. Voir : René Bergeron, *Le Premier Péril*, Montréal, Fides, 1943. Une citation du pape Pie XI en exergue donne le ton de l'ouvrage : « Le premier péril [...] celui qui est le plus grand et le plus général, c'est certainement le communisme [...] C'est un danger universel qui menace le monde entier. » La référence à la Commission Rapp-Condert se trouve à la p. 112. Par ailleurs, le gouvernement américain avait procédé, dès février 1942, à la levée de l'interdiction postale qui frappait la circulation des publications communistes américaines et, en été, au relâchement des prisonniers politiques communistes internés au début du conflit. *Ibidem*, p. 44.

3. Les historiens font remonter le début de la *guerre froide* à la doctrine Truman, énoncée dans le discours que le président prononcera devant le Congrès, le 12 mars 1947, discours dans lequel il demande une aide de 400 millions de dollars US pour contrer ce qu'il dénonce comme une menace d'insurrection communiste en Grèce et en Turquie.

4. Voir, plus bas, la section consacrée à l'Amérique latine.

5. Une position qui n'est pas forcément maintenue sur toutes les tribunes, comme nous le verrons plus bas à propos du panaméricanisme.

6. Department of State, *Proposals for Expansion of World Trade and Employment*, novembre 1945, chapitre III. General Commercial Policy, Section A. General Commercial Provisions, alinéa 1, p. 11.

7. Une étude complète devrait évidemment retenir tous ces autres régionalismes, que ce soit en Afrique, en Asie, en Océanie, sans oublier bien sûr le cas du bloc socialiste avec ses propres ententes et rivalités économicopolitiques de tous ordres.

8. Au départ, le *Plan Marshall* s'étend à l'ensemble de l'Europe, mais Staline refuse de s'y joindre et met sur pied un plan alternatif.

9. Quant au plan lui-même, ses principales lignes d'action sont les suivantes : premièrement, le redressement de l'Europe et la suspension des principes régissant le libéralisme économique dans cette partie du monde ; deuxièmement, l'adoption d'un programme d'assistance de 13,2 milliards de dollars US sur quatre ans ; troisièmement, la modernisation des infrastructures ; et, quatrièmement, l'accroissement de la production globale. Selon Bairoch, *Victoires et déboires*, t. 3, p. 118 : 13,2 milliards de dollars US au total dont 2 milliards en dons. Voir également, sur l'historique, c'est-à-dire sur le *Plan Marshall* et la Conférence des Seize (Conférence de coopération économique européenne) de 1948, le site de l'OCDE : www.ocde.org

10. À proprement parler, ce n'est pas tout à fait exact, comme nous le verrons lorsqu'il sera question de l'Union panaméricaine ainsi que sur l'Organisation des États américains (OEA) qui lui a succédé en 1948.

11. L'AELE est issue de la *convention de Stockholm*, qui est entrée en vigueur le 4 mai 1960. Elle comprenait au départ 7 pays : l'Autriche, le Danemark, la Norvège, le Portugal, la Suède, la Suisse et le Royaume-Uni. À ces pays

viendront à un moment ou un autre s'ajouter la Finlande, l'Islande, le Liechtenstein, le Groenland et les îles Féroé. Elle existe toujours mais ne comprend plus que quatre pays : la Norvège, la Suisse, l'Islande et le Liechtenstein.

12. La CISL regroupe 95 organisations dans 70 pays. L'organisation européenne représentait déjà 23 millions de salariés en octobre 1952. Elle occupait une place au Conseil syndical consultatif auprès de l'ECA (Administration de coopération économique) en vue de coopérer à l'exécution du Plan Marshall. Elle était également consultée par l'OECE et par le Conseil économique pour l'Europe de l'ONU.

13. Les dates des élargissements successifs des Six aux Quinze sont les suivantes : le 1er janvier 1973, le Royaume-Uni, l'Irlande et le Danemark ; le 1er janvier 1982, la Grèce ; le 1er janvier 1986, l'Espagne et le Portugal ; et le 1er janvier 1995, la Finlande, la Suède et l'Autriche.

14. À la vérité, il n'y a pas un acte de naissance du panaméricanisme mais bien deux. Le premier, très révélateur sur les plans chronologique et stratégique, fut l'adoption, en 1823, de la doctrine Monroe, du nom du président des États-Unis de l'époque. Cette doctrine jetait les bases d'une politique qui repoussait toute intervention européenne dans les affaires des Amériques.

15. Ce bureau avait pour mandat de fournir des informations sur tout ce qui a trait au commerce et aux législations douanières. Relevant au départ du Département d'État, ce bureau sera placé sous l'autorité d'un comité composé de quatre représentants des républiques à partir de 1898. À l'occasion de la deuxième conférence panaméricaine, tenue à Mexico du 2 octobre 1901 au 31 janvier 1902, le Bureau changera de nom pour s'appeler dorénavant Bureau international des républiques américaines. Il sera placé sous l'autorité d'un conseil composé de l'ensemble des représentants et dont la présidence reviendra de droit aux États-Unis. C'est lors de la quatrième conférence, à Buenos Aires, en 1910, que l'on changera le nom du Bureau pour l'appeler désormais Union panaméricaine. Les conférences qui devaient suivre allaient élargir le mandat du Conseil exécutif de l'Union, jusqu'à ce que finalement, en 1928, lors de la sixième conférence tenue à la Havane au début de l'année, fut adoptée la convention qui devait donner à l'Union son caractère constitutionnel. Si, faute d'avoir été ratifiée par tous les États signataires, cette convention n'est jamais entrée en vigueur, les républiques n'en continuèrent pas moins de se rencontrer de manière régulière, en principe tous les quatre ans. Pour l'historique des débats jusqu'aux années 1930, voir Orestes Ferrara, L'Amérique et l'Europe. Le panaméricanisme et l'opinion européenne, Paris, Les Œuvres représentatives, 1930. Ajoutons encore un fait pour mémoire à cette occasion. Si le Canada n'est jamais mentionné ni invité à ces réunions et conférences, c'est pour une raison bien simple ; une des conditions de participation au projet des Amériques était l'indépendance nationale, et le Canada, dont le chef d'État était, et est toujours d'ailleurs, en même temps souverain du Royaume-Uni, se trouvait d'entrée de jeu disqualifié.

D'ailleurs, le gouvernement canadien a toujours laissé libre cours aux États-Unis dans les affaires pancontinentales et n'a adhéré à l'OEA qu'en 1990.

16. L'Argentine, trop proche des puissances de l'Axe durant la guerre, ne fut pas invitée à la conférence.

17. Voir à ce sujet l'article de Hermán Santa Cruz : « The Creation of the United Nations and ECLAC », *CEPAL Review,* n° 57, pp. 17-33.

18. United Nations, Department of Economic Affairs (1951), *Economic Survey of Latin America,* 1949, New York. Ce document est considéré comme le « Manifeste de la CEPAL », pour reprendre la formule de Hirschman (Albert O. Hirschman, « The Political economy of Import-substitution Industrialization in latin America », dans C. T. Nisbet, *Latin America : Problems in Economic Development,* Los Angeles, University of California). Il s'inspire directement des thèses développées par Prebisch dans son ouvrage : *The Economic Development of Latin America and its Principal Problems,* 1950. Cet ouvrage a d'ailleurs inspiré la réflexion théorique sur le développement en Amérique latine et ailleurs dans le monde, Prebisch présentant une vision dualiste du monde, marquée par l'existence d'un « centre » industrialisé et d'une « périphérie » exportatrice de matières premières.

19. Le nouveau traité réunit les mêmes signataires que le premier *Traité de Montevideo,* à savoir : l'Argentine, le Brésil, le Chili, le Mexique, le Paraguay, l'Uruguay, ainsi que les cinq pays du « groupe andin » que sont la Bolivie, la Colombie, l'Équateur, le Pérou et le Venezuela.

20. Faria, José Angelo Estrella, *O Mercosul : Principios, Finalidade e Alcance do Tratado de Assunçao,* Brasilia, Ministerio das Relaçoes exteriores, 1993, p. ix.

21. C'est ce qui conduira à la convocation de la Conférence des États africains et asiatiques, à Bandung, en 1955. Par ailleurs, avec le temps, les pressions des pays du Tiers-Monde donneront des résultats et les pays industrialisés finiront par leur accorder un statut particulier, du moins de manière temporaire et transitoire.

22. Voir Robert Gilpin, *The Political Economy of International Relations,* Princeton, Princeton University Press, 1987, p. 60-64.

23. Voir à ce sujet C. Deblock et D. Brunelle, « Le régionalisme économique international : de la première à la deuxième génération », dans M. Fortmann, S. N. Macfarlane et S. Roussel (dir.), *Tous pour un ou chacun pour soi. Promesses et limites de la coopération régionale en matière de sécurité,* Québec, Institut québécois des hautes études internationales, 1996, p. 271-316.

CHAPITRE 4 • DE LA MONDIALISATION AU RÉGIONALISME :
LE CANADA AU TEMPS DE LA *GUERRE FROIDE*

1. *Conférences fédérales-provinciales du 3 au 10 décembre 1927, du 9 au 13 décembre 1935 et des 14 et 15 janvier 1941, compte-rendu des délibérations de*

la conférence du dominion et des provinces, Ottawa, p. 3. À noter, au passage, que sous l'expression si mal traduite de « déplacements dans la puissance économique », c'est l'accroissement de l'intégration à l'espace nord-américain qui est désignée ; jusque-là, en effet, c'étaient encore et toujours les relations avec le Royaume-Uni qui dominaient.

2. *Discours inaugural* de W. L. Mackenzie King, *ibidem*, p. 7.

3. A. F. W. Plumptre, cité par Alexander Brady, *Democracy in the Dominion*, 3ᵉ édition, University of Toronto Press, 1955, p. 55, n. 14.

4. Conférences, *op. cit.*, p. 13

5. Déclaration de M. McLarty, dans *Conférences, ibidem*, p. 101.

6. En 1939, le commerce du Canada avec les États-Unis représente 50 % et celui avec le Royaume-Uni 30 % de son commerce total. Jusque-là, ces échanges sont complémentaires : le Canada exporte son blé au Royaume-Uni et en importe des textiles, tandis que ses produits de la forêt et des mines transformés grâce à l'hydroélectricité sont acheminés aux États-Unis qui y exportent leur charbon et leur acier.

7. Ce renseignement et les suivants sont tirés de Robert U. Ayres : *Resources, Scarcity, Growth and the Environment*, Center for the Management of Environmental Resources, Paris, avril 2001. Voir F. Dewhurst, *America's Needs and Resources*, Twentieth Century Fund, 1947.

8. Le rapport est rédigé par Eugene Ayres de la compagnie Gulf Oil.

9. Le *Rapport Paley* intitulé *Resources for Freedom* sera publié en 5 volumes à Washington en 1952. Une nouvelle version sera publiée en 1954.

10. *Resources for Freedom* (réimpression), New York, Arno Press, 1972, à la p. 60 : « The areas to which the United States must principally look for expansion of its mineral imports are Canada, Latin America and Africa, the Near East, and South and South-East Asia. » Quant à la liste des produits-clés par pays, elle est fournie aux pages 91 et suiv.

11. *Ibidem*, ch. 30 « Preparing for Emergency Production », p. 165-167. La recommandation de la Commission se lit comme suit : « *That development of the St. Lawrence Seaway be initiated in the near future for transportation purposes. A strong economic case exists for the development of the St. Lawrence Seaway and the stream's power potentialities, even without regard to national security, but the security aspects of the project make it overwhelmingly expedient to proceed with its development as early as possible.* » P. 167 (je souligne).

12. Le *Rapport Paley* avait, dès le départ, lié les questions de sécurité et d'approvisionnement à l'éventualité que la *guerre froide* (« *cold war* ») puisse se transformer en guerre *chaude* (« *hot war* »). P. 3.

13. La théorie du « *heartland* » est associée au nom de Halford J. Mackinder, géographe britannique qui a écrit tout au début du XXᵉ siècle.

14. Le *Pacte de l'auto* de 1965 entre le Canada et les États-Unis viendra confirmer ce fait de manière passablement éclatante.

15. Rappelons que dans l'expression « droits économiques », il n'est pas question

des droits des entreprises, mais bien des droits sociaux et des droits du travail, comme le droit d'association, le droit de former des syndicats, le droit de négocier une convention collective de travail, etc.

16. *Rapport de la Commission royale sur l'union économique et les perspectives de développement du Canada,* Ottawa, 1985, vol. 2, p. 44-45.

17. Le président de la Commission, Donald S. Macdonald, ancien ministre des Finances (1975-77) dans le cabinet Trudeau, avait également été membre de la Commission Trilatérale fondée par David Rockefeller en 1973.

18. *Rapport, op. cit.,* vol. 3, p. 640-641.

19. *Ibidem.* Le mot est utilisé à plusieurs reprises dans le Rapport ; il apparaît la première fois dès la p. 7 du vol. 1, ainsi qu'aux p. 449 et 531 du vol. 3.

20. *Ibidem,* vol. 1, p. 45. La première référence à Keynes apparaît à la p. 28.

21. Karl Marx et Friedrich Engels, *Le Manifeste du Parti communiste* (1847), Paris, UGE, coll. 10/18, 1965, p. 26-27.

22. *Rapport, op. cit.,* vol. 1, p. 19.

23. *Ibidem,* p. 20.

CHAPITRE 5 • DU RÉGIONALISME À LA GLOBALISATION : LE LIBRE-ÉCHANGE ENTRE LE CANADA ET LES ÉTATS-UNIS

1. La littérature sur le néolibéralisme en tant que courant de pensée, sur le rôle des fondations et autres « think tanks » de droite dans l'affinement des thèses de base est abondante ; à titre d'exemple on pourra consulter Keith Dixon, *Les Évangélistes du marché. Les Intellectuels britanniques et le Néolibéralisme,* Paris, Raisons d'agir Éditions, 1998. Pour une revue de la littérature sur le sujet, voir Roger Charland, *Hermès revue critique,* n° 3, publication électronique : www.pages.globetrotter.net/charro/HERMES

2. Pour une vue de l'intérieur à la fois démagogique, complaisante et surfaite de cette « révolution conservatrice », voir Martin Anderson, *Revolution,* New York, HBJ, 1988.

3. Appliquée au marché du travail, la déréglementation devient la flexibilisation.

4. L'article de Edward Hallet Carr : « Nationalisme et après ? », dans le collectif *Nations ou nationalisme,* Paris, Plon, 1946, p. 3-86 est fort révélateur de tout ce courant qui a accordé une place éminente à la poursuite du *« full employment »* pour reprendre l'expression que le traducteur utilise telle quelle en français. Pour ces auteurs, c'est le chômage qui a été une des causes premières de la guerre elle-même. Cela posé, Carr établit une distinction centrale entre deux éléments de la justice sociale, soit l'abolition de la misère et le plein emploi ; le premier élément est tributaire du niveau de développement, ce qui, à son tour, « barre le chemin à la réalisation de l'idéal d'unité mondiale, et impose la division et la différenciation des méthodes, même pour atteindre des buts que l'on reconnaît communs à toute l'humanité. » Par ailleurs, la

poursuite du plein emploi n'est quant à elle réalisable qu'à l'intérieur de « l'État industriel moderne » (p. 79).

5. Voir sur ce point la version annotée de l'*Accord de libre-échange entre le Canada et les États-Unis* publiée à l'instigation du gouvernement du Canada en 1987.

6. À propos des avantages de cette approche, voir le texte d'une lettre envoyée par Robert Vastine, président de la *Coalition of Services Industries* à Mme Charlene Barshevsky, USTR sous la présidence de Clinton, au moment de l'ouverture des négociations de libre-échange entre les États-Unis et Singapour : « [w]e *ask that the U.S. negotiators choose the most effective structure for the FTA negotiations, especially given their impact as precedent. There is a strong case that these negotiations be based on the "negative list" approach used in NAFTA, rather than the more limited and confusing approach used in the GATS which requires that the only sectors included in the agreement are those listed (positive list). The NAFTA approach is based on the presumption (appropriate for a free trade agreement) that all barriers in a given sector will be removed across all modes of supply, with stated exceptions and phase-outs. The negotiation is simplified because it is the exceptions that become the focus of the negotiations, and these should be as few as possible. We do not believe it is necessary to incorporate the NAFTA reservations for the 50 States. This was a one-time only event where State reservations were allowed* carte blanche ». (On trouvera le texte complet sur le Web à l'adresse suivante : www.sitrends.org/ideas)

7. À propos de l'*approche duale*, voir Boris Kozolchyk, « NAFTA in the Grand and Small Scheme of Things », National Law Center for Inter-American Free Trade, 3 mai 1994. Pour une interprétation différente, voir : Ruth Caplan, *Alliance for Democracy, Briefing on the Free Trade area of the Americas. Critical Analysis and Alternatives*, 9 avril 2001 : « NAFTA follows the top down negative list approach ». (www.afd-online.org/campaigns/2000/Globalization)

8. Il n'y avait que deux territoires à l'époque au Canada ; il y en a trois maintenant depuis la création du Nunavut.

9. Doern, Bruce G. et MacDonald, Mark, *Free-trade Federalism : Negotiating Canadian Agreement on Internal Trade*, Toronto, University of Toronto Press Inc, 1999, p. 43.

CHAPITRE 6 • LES LINÉAMENTS D'UN ORDRE GLOBAL

1. Cette approche est celle que décrit Francis Fukuyama dans « *Social Capital and Civil Society* », texte présenté à la Conférence du FMI sur les réformes de deuxième génération, le premier octobre 1999. (Sur le site du FMI : www.imf.org)

2. Karl Polanyi, *La Grande Transformation*, Paris, Gallimard, 1983 (version ori-

ginale anglaise : 1944). L'expression utilisée par Polanyi est celle d'« *embed-dedness* », traduite en français par « encastrement ».

3. Il ne faudrait pas non plus omettre de rappeler les événements entourant la révolution cubaine et, surtout, l'effet sur les grands de ce monde de la convocation, à l'instigation de Fidel Castro et Ernesto *Che* Guevara, entre autres, de la Conférence TRIcontinentale de solidarité des peuples d'Asie, d'Afrique et d'Amérique latine à La Havane en janvier 1966.

4. Michel Crozier, Samuel P. Huntington et Joji Watanuki, *The Crisis of Demo-cracy : Report on the Governability of Democracies to the Trilateral Commis-sion*, New York, New York University Press, 1975.

5. Je n'ai pas l'intention d'explorer les causes immédiates de la naissance de cette commission, mais deux autres facteurs méritent d'être notés : l'un est la crise du pétrole et l'autre, l'influence du livre de Zbigniew Brzezinski, *Bet-ween Two Ages*, publié en 1970, dans lequel l'auteur plaidait en faveur de la mise sur pied d'une nouvelle autorité mondiale.

6. Le G-6 comprend au départ la France, le Royaume-Uni, l'Allemagne, l'Italie, les États-Unis et le Japon. L'UE est désormais admise à titre d'observateur.

7. La première Conférence économique européenne *(European Management Forum)* est convoquée à l'instigation de Klaus Schwab, à Davos, en janvier 1971. La conférence devient le *World Economic Forum* en 1987.

8. En effet, c'est de la conférence de 1982 qu'est issue la réunion *informelle* des ministres du Commerce de 17 pays, tenue à Lausanne la même année, qui proposera l'ouverture d'un nouveau cycle de négociations multilatérales.

9. L'OMC ne fait pas partie du système de l'ONU, de sorte que c'est l'ONU qui a un représentant à l'OMC, et non l'inverse.

CHAPITRE 7 • CONSULTATION OU CONTESTATION :
LES MOUVEMENTS SOCIAUX DANS LA GLOBALISATION

1. Ainsi que dans plusieurs provinces, dont le Québec, faut-il préciser. Voir D. Brunelle, *La Désillusion tranquille*, Montréal, Hurtubise HMH, 1978.

2. Un exemple récent de cela nous est donné dans Giovanni Arrighi et Beverley J. Silver, et coll. (1999), *Chaos and Governance in the Modern World System*, Minneapolis, University of Minnesota Press.

3. Dans *La Théorie générale, op. cit.*, les notes finales, p. 386 et suiv.

4. Il ne faut pas confondre le tripartisme, qui est essentiellement de nature volontariste, et le corporatisme, qui implique trois choses : la cooptation éta-tique, le pouvoir de réglementation et le monopole de la représentation.

5. Je reprends à mon compte le titre de l'ouvrage qu'Hayek publie en 1944 : *La Route de la servitude*, dans lequel il dénonce l'interventionnisme sous toutes ses formes.

6. Le Comité économique et social européen est sans conteste l'instance qui a entrepris la réflexion la plus intéressante sur le *nouveau* rôle de la société

civile. Voir Comité économique et social européen, *La Société civile organisée au niveau européen*, Actes de la première Convention, Bruxelles, 15 et 16 octobre 1999.

7. Le FEM tenu à New York en janvier 2002 a même innové en ouvrant la consultation aux « *non-profit organisations* » tout autant qu'aux « *for profit organisations* », c'est-à-dire aussi bien aux organisations sans but lucratif qu'aux organisations à but lucratif.

CONCLUSION

1. Voir John Foster et Anita Anand (dir.), *Un monde pour tout le monde. La société civile, les Nations Unies et l'avenir du multilatéralisme*, Ottawa, L'Association canadienne pour les Nations Unies, 1999.

2. Voir Boaventura de Sousa Santos : « La globalisation contre-hégémonique et la réinvention de l'émancipation sociale », dans Daniel Mercure (dir.), *Une société-monde ? Les dynamiques sociales de la mondialisation*, Québec, Les Presses de l'Université Laval/De Boek Université, 2001, p. 45-64.

3. *Ibidem*, p. 48.

4. *Ibidem*, p. 57.

5. *Ibidem*, p. 45.

6. Dans une conférence prononcée devant le *Brookings Institution* en 1998, Allan Meltzer avait proposé l'abolition pure et simple du FMI.

7. L'autre rapport minoritaire était rédigé par l'économiste C. Fred Bergsten qui recommandait de s'en tenir au *statu quo*.

8. À titre de comparaison, le FSM II avait rassemblé 51 000 participants et organisé 800 ateliers, tandis que le FSM I en avait réuni 10 000 et organisé une centaine d'ateliers.

9. Les étrangers que nous étions ne sont pas près d'oublier ce petit quatrain chanté et scandé par les manifestants dansant dans les rues : « Ô Ô Ô Lula ! Luuuula !/Eu quero ver/o plebicito contra ALCA/acontecer ! », c'est-à-dire : « O Lula ! Je veux que le plébiscite contre la ZLEA se fasse ! »

10. À la vérité, comme on l'a vu au premier et au deuxième Sommet des peuples des Amériques, on a beau multiplier le nombre de participants et celui des ateliers, il n'en reste pas moins que tous ces enjeux se ramènent assez aisément à dix, voire douze enjeux que l'on peut qualifier de « sectoriels », même s'ils ne sont pas autonomes ni étanches, loin de là, et des enjeux « transversaux », en ce sens qu'ils traversent les premiers de part en part. Les douze grands enjeux sectoriels, ce sont : les droits humains, les questions autochtones, la santé, l'éducation, l'environnement, le rôle de l'État et le déficit démocratique (qui, à son tour, recouvre tout un ensemble de questions touchant aux pouvoirs exécutifs, aux parlementaires et au pouvoir judiciaire), le travail et le syndicalisme, les mouvements populaires et l'opposition à la libéralisation extrême, le développement durable ou soutenable et les autres

questions économiques comme l'investissement, l'agriculture, la propriété intellectuelle et la diversité culturelle. Les deux grands enjeux transversaux, ce sont les femmes et les voies de remplacement par rapport à la libéralisation globale, ces deux-ci devant permettre d'intégrer les enjeux dits « sectoriels » à l'intérieur d'une démarche d'ensemble. Cela dit, il ne faudrait pas sous-estimer l'ampleur du débat encore à faire autour de cette nomenclature, puisque plusieurs croient et soutiennent que ce sont les enjeux transversaux qui sont les plus nombreux et les enjeux sectoriels, l'exception. Enfin, il faut ajouter que, conjoncture oblige, cette fois-ci la question de la guerre en Irak est apparue comme un enjeu incontournable.

11. Le CI est une des trois instances du FSM ; il est constitué de quelque 118 organisations d'un peu partout dans le monde.

12. Les deux autres instances du FSM sont le Comité organisateur (CO) et le Conseil brésilien (CB). Le premier est composé de huit entités brésiliennes représentant divers secteurs de la société civile. Le conseil, quant à lui, assume la responsabilité du secrétariat du FSM et il comprend les mêmes entités que le CO. En plus de contribuer à la construction du FSM à l'échelle nationale, il a pour tâche de stimuler la création de comités locaux de mobilisation, d'organiser les événements préparatoires au forum lui-même et d'apporter son appui à l'organisation des autres rencontres mondiales.

13. F. Fukuyama, *The Great Disruption. Human Nature and the Reconstitution of Social Order*, Touchstone, New York, 2000, p. 234-235.

14. Voir *O Estado de S. Paulo*, « Para economista, governo pode nao cumprir promessa », 25 janvier 2003, p. H4.

15. Voir F. Houtart, « La mundializacion de las resistencias y de las luchas contra el neoliberalismo », dans José Seoane et Emilio Taddei (coord.), *Resistencias mundiales. De Seattle a Portô Alegre*, Buenos Aires, CLACSO, 2001, p. 63-69.

Bibliographie

AMIN, Samir (1986), *La Déconnexion. Pour sortir du système mondial*, Paris, La Découverte.

ARRIGHI, G., Beverly J. Silver *et al.* (1999), *Chaos and Governance in the Modern World System*, Minneapolis, University of Minnesota Press.

BAIROCH, Paul (1997), *Victoires et déboires. Histoire économique et sociale du monde du XVIe au XXe siècle*, Gallimard, coll. « Folio », 3 vol.

BORON, Atilio A. (2002), *Imperio e imperialismo. Una lectura critica de Michael Hardt y Antonio Negri*, Buenos Aires, CLACSO.

CARFANTAN, Jean-Yves (1993), *Le Grand Désordre du monde. Les Chemins de l'intégration*, Paris, Seuil.

CASTELLS, Manuel (1998), *L'Ère de l'information*, 3 vol., Paris, Fayard.

CERVETTO, Arrigo (1998), *Le Monde multipolaire 1990-1995*, Paris, Éditions Science marxiste.

CHARLAND, Roger (1999), « La mondialisation : une idéologie de fin de siècle, *Hermès Revue critique*, www.microtec.net/charro/

CHOMSKY, Noam (1995), *World Orders Old and New*, Columbia, Columbia University Press.

Commission on Global Governance (1995), *Our Global Neighborhood. The Report of the Commission on Global Governance*, New York, Oxford University Press.

COX, Robert (1987), *Production, Power and World Order*, New York, Columbia U.P.

DAMIAN, Michel et Jean-Christophe GRAZ (compilateurs) (2001), *Commerce international et développement soutenable*, Paris, Economica.

DICKEN, Peter (1992), *Global Shift. The Internationalization of Economic Activity*, 2ᵉ éd., New York, Gulford Press.

DIEHL, Paul F. (directeur) (1997), *The Politics of Global Governance. International Organizations in an Interdependent World*, Rienner, Boulder et Londres.

DRACHE, Daniel et Meric S. Gertler (compilateurs) (1991), *The New Era of Global Competition, State Policy and Market Power*, Montréal et Kingston, McGill-Queen's University Press.

EMMERIJ, Louis (1997), *Economic and Social Development into the XXIth Century*, Washington D.C., Inter-American Development Bank.

FOSTER, John et Anita Anand (directeur) (1999), *Un monde pour tout le monde. La société civile, les Nations Unies et l'avenir du multilatéralisme*, Ottawa, L'Association canadienne pour les Nations Unies.

FREITAG, Michel et Éric Pineault (éditeurs) (1999), *Le Monde enchaîné*, Montréal, Éditions Nota Bene.

FUKUYAMA, Francis (2000), *The Great Disruption. Human Nature and The Reconstitution of Social Order*, New York, Touchstone.

GADDIS, John Lewis (1972), *The United States and the Origins of the Cold War*, New York, Columbia University Press.

GÉLINAS, Jacques B. (2000), *La Globalisation du monde. Laisser faire ou faire*, Montréal, Éditions Écosociété.

GEORGE, Jim (1994), *Discourses of Global Politics. A Critical (Re)Introduction to International Relations*, Lynne Rienner Publishers, Boulder et Londres.

GEREFFI, Gary et M. Korzemiewicz (compilateurs) (1994), *Commodity Chains and Global capitalism*, Westport, C. T. Praeger.

GILL, Stephen et D. Law (1991), *The Global Political Economy. Perspectives, Patterns, Policies*, Baltimore, John Hopkins U.

GILPIN, Robert (1987), *The Political Economy of International Relations*, Princeton, Princeton University Press.

HARDT, Michael et Antonio Negri (2000), *Empire*, Cambridge, Harvard University Press.

HIRST, Paul et Graham Thompson (1996), *Glogalization in Question. The International Economy and the Possibilities of Governance*, Cambridge UK, Polity Press.

HOPKINS, T. K. et I. Wallerstein (1982), *World-Systems Analysis : Thoery and Methodology*, Beverly Hill, Sage.

MARTIN, Hans-Peter et Harald Schumann (1997), *Le Piège de la mondialisation*, Solin Actes Sud.

PALAN, Ronen P. et Barry Gills (compilateurs) (1994), *Transcending the State-Global Divide. A Neostructuralist Agenda in International Relations*, Lynne Rienner Publishers, Boulder et Londres.

PAUL, T. V. et J. A Hall (éditeurs) (1999), *International Order and the Future of World Politics*, Cambridge U.K., Cambridge University Press.

PERRET, Louis (compilateur) (2003), *Évolution des systèmes juridiques, bijuridisme et commerce international*, Montréal, Wilson et Lafleur.

ROSENAU, James N. (1990), *Turbulence in World Politics. A Theory of Change and Continuity*, Princeton, Princeton University Press.

SEOANE, José et Emilio Taddei (compilateurs) (2001), *Resistencias mundiales. De Seattle a Portô Alegre*, Buenos Aires, CLACSO.

SHOTWELL, James T. (1945), *La Grande Décision*, New York, Brentano's.

STERNBERG, Fritz (1959), *Le Conflit du siècle*, Paris, Seuil.

STIGLITZ, Joseph E. (2002), *Globalization and its Discontents*, New York, W. W. Norton.

STRANGE, Susan (1996), *Retreat of the State*, Cambridge University Press.

STUBBS, Richard et Geoffrey R. D. Underhill (compilateurs) (1994), *Political Economy and the Changing Global Order*, Toronto, McClelland and Stewart.

TWAITHES, James D. (directeur) (2000), *La Mondialisation : origine, développement et effets*, PUL.

WALLERSTEIN, Immanuel (1980), *The Modern World System*, 3 vol., New York, Academic Press Inc.

Table des matières

MISE EN PAGES ET TYPOGRAPHIE :
LES ÉDITIONS DU BORÉAL

ACHEVÉ D'IMPRIMER EN AVRIL 2003
SUR LES PRESSES DE L'IMPRIMERIE AGMV MARQUIS
À CAP-SAINT-IGNACE (QUÉBEC).